本書係「敦煌文獻系統性保護整理出版工程」項目成果

二〇二一—二〇三五年國家古籍工作規劃重點出版項目

「十四五」國家重點出版物出版規劃項目

國家古籍整理出版專項經費資助項目

敦煌文獻全集

中國國家圖書館藏敦煌文獻

中國國家圖書館 編

第七六册

BD01123～BD01138

國家圖書館出版社

DUNHUANG MANUSCRIPTS IN THE NATIONAL LIBRARY OF CHINA

076

BD01123 ~ BD01138

compiled by the

National Library of China

National Library of China Publishing House

凡例

一　本書刊布中國國家圖書館藏敦煌文獻，以館藏編號爲序編排。

二　館藏編號采用「BD+流水號」格式，如BD00001, BD16579等。背面在編號後加v表示。一個編號包含多件文獻者，編號後分別綴以字母A, B, C等。一件文獻含有多個内容者，以數字-1, -2, -3等標明順序。

三　圖版有縮印或放大處另加説明，尺寸超出本書幅面的以摺葉形式呈現。

四　卷軸裝、梵夾裝、經摺裝等裝幀形制的敦煌文獻，各附外觀圖像。

五　每件文獻依次呈現外觀、正面、背面等。背面僅刊布有文字、圖像或其他要素的圖版，而略去素紙部分，背面圖版同樣以從右到左順序編排。凡有外題者，遵從以上原則。

六　除個別特殊情況外，爲保證閲讀連貫、流暢，圖版儘量通欄呈現。

七　各葉上方附該件文獻全圖，以高亮形式顯示本葉大圖在全卷中的位置。部分長卷文獻全圖衹能分多段呈現時，在上段末以符標示下段接續。卷尾内容不足一葉時，文獻全圖使用該圖卷尾部分，亦以符標示。背面圖版文字與正面文字方向相反時，文獻全圖按原貌顯示，正文翻轉呈現，以便閲讀研究，用符標示。

八　文獻題名大體沿用中國國家圖書館此前所編多部敦煌文獻目録的考證，部分吸收學界最新研究成果略作調整和完善。文獻題名綜合參考原卷首題、尾題、外題確定，如原卷題名與該文獻正式名稱不同，則采用正式名稱；無題名者，或比定題名，或擬定新名。非漢文文獻在題名前標注語種。有分卷不同等其他情況者，括注於文獻名稱後。

九　本書著録使用通行繁體字，涉及原文中的人名、地名等，必要時保留原字形。

About this publication

1. The documents are presented in shelfmark order.
2. The shelfmarks are in the form BD plus a running number, eg. BD00001, BD16579, &c. If a given shelfmark contains multiple documents, these are distinguished by the letters A, B, C, &c. If a document has multiple contents, they are distinguished by the numbering 1, 2, 3, &c. The verso side of an item is indicated by the letter v.
3. If it has been necessary to reduce or enlarge the size of an illustration, the dimensions are indicated. If the size of an illustration exceeds the size of the book, a folding sheet is used.
4. If the document is a scroll, a folded sutra, or has a stitched binding, a picture of the whole object is provided to show its external appearance.
5. The cover, front, and back of each document are reproduced in sequence. The back of a document is only reproduced if it contains text, illustrations, or other markings, and it is oriented from right to left. If it is blank it is not reproduced.
6. Except in a few special cases, the lines of text are reproduced unbroken to make them coherent and easier to read.
7. An illustration of the complete document is reproduced at the top of each page, and the section where the main illustration appears is highlighted in order to indicate its position. If it has only been possible to reproduce a long scroll in sections, the direction symbol ❮ has been used to indicate where one illustration ends and the next one begins. If the end of the scroll occupies less than one page, the direction symbol ❮ is used to indicate its position in the illustration of the complete document. If the text on the back of the document has a different orientation from the text on the front, it is reproduced as it is, but is also rotated (indicated with the rotation symbol ◉) so that it can be read easily.
8. The titles of the documents generally conform with those already established by the Library, but in some cases have been amended by drawing on the most recent scholarly research. The titles are derived firstly from the beginning of the text, then from the end of the text, and lastly from the cover. If the title of a document differs from its authoritative form, the authoritative form is used; and if a document has no title, one is either supplied by comparison with similar documents, or a new one is devised. If the document is not in Chinese, its language is indicated before the title. If the number of juan is different from that of the authoritative version, or if there are other irregularities, this is noted.
9. The documents in the book are in traditional Chinese characters. Where the title contains personal or place names, the original characters used for these names are retained.

(Translated by David Helliwell)

第七六册目録

BD01123　大般涅槃經卷一九

（北凉）曇無讖 譯

903cm × 25cm

上業及以下業是師今在王舍城中唯願大
王屈駕往彼可令是師療治身心時王答言
審能如是除滅我罪我當歸依
復有一臣名曰藏德復往王所而作是言大
王何故面貌憔悴脣口乾燋音聲微細猶如
怯人見大怨敵顏色癈剌將何所苦為身痛
耶為心痛乎王即答言我今身心云何不痛
我之癡盲无有慧目近諸惡友而為親善隨
提婆達惡人之言正法之王横加逆害我昔
曾聞智人說偈
若於父母　佛及弟子　生不善心　起於惡業
如是果報　在阿鼻獄
以是事故令我心怖生大苦惱又无良醫

三

二種一者出家二者王法王法者謂害其父
則王國土雖云是逆實无有罪如迦羅迦虫要
壞母腹然後乃生生法如是雖破母身實亦
无罪騾懷任等亦復如是治國之法法應
如是雖殺父兄亦无有罪出家法者乃至蚊
蟻殺亦有罪唯願大王寬意莫愁何以故
若常愁苦愁遂增長如人喜眠眠則滋多
貪婬嗜酒亦復如是
如王所言世无良醫治身心者今有大師名
末伽梨拘舍離子一切知見憐愍衆生猶如
赤子已離煩惱能拔衆生三毒利箭一切衆
生於一切法无知見覺唯是一人獨知見覺
如是大師常為弟子說如是法一切衆生身

BD01123　大般涅槃經卷一九

生於一切法无知无覺唯是一人獨知獨覺
如是大師常為弟子說如是法一切衆生身
有七分何等為七地水火風苦樂壽命如是
七法非化所作不可毀害如伊師迦草安住
不動如須弥山不捨不作猶如乳酪各不諍
訟若苦若樂若善若不善投之利刀无所傷
害何以故七分空中无妨㝵故命亦无害何
以故无有害者及死者故无作无受无說无
聽无有念者及以教者常說是法能令衆生
滅除一切无量重罪是師今在王舍大城唯
願大王往至其所王若見者衆罪消滅時王答
言審能如是除滅我罪我當歸依
復有一臣名曰實德復到王所即說偈言
大王何故身无瓔珞首髮蓬亂乃至如是

王今何故容色愁悴猶如農夫下種之後天
不降雨愁苦如是為是心痛為身痛耶王即
荅言我今身心豈得不痛我父先王慈愛流
惻特見矜念實无辜咎往問相師相師荅言
是兒生已定當害父雖聞是語猶見瞻養曾
聞智者作如是言若人奸母及比丘尼偷僧
鬘物殺發无上菩提心者害及其父如是之
人畢定當墮阿鼻地獄我今身心豈得不痛
大臣復言唯願大王且莫愁苦如其父王脩
解脫者害則有罪若治國法殺則无罪大王
非法者名為非法无法者名為无法辟如无
子名為无子亦如惡子名之无子雖言无子
實非无子如食无鹽名為无鹽食若少鹽亦

實非无子如食无鹽名爲无鹽食若少鹽亦
名无鹽如河无水名之无水亦如少水亦名
无水如念念滅亦言无常雖住一劫亦名无
常如人受苦名爲无樂雖受少樂亦名无樂
如不自在名之无我雖少自在亦名无我 如
闇夜時名之无日雲霧之時亦言无日大王雖
言小法名爲无法實非无法願王留神聽臣
所説一切衆生皆有餘業以業緣故數受
生死若使先王有餘業者今王殺之竟有何
罪唯願大王寬意莫愁何以故
若常愁苦 愁遂增長 如人憙眠 眠則滋多
貪婬嗜酒 亦復如是
如王所言世无良醫治身心者今有大師名

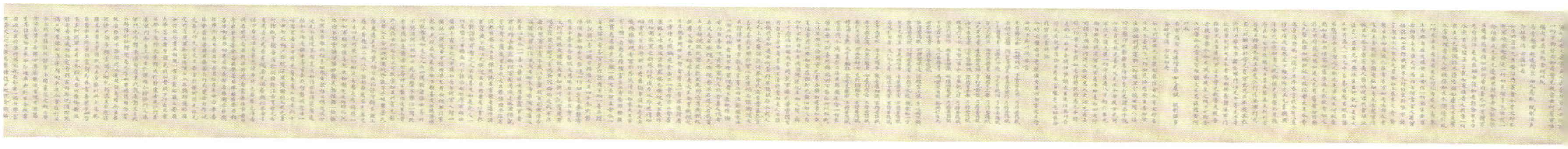

大海有大威德具大神通能令衆生離諸疑
网一切衆生不知見覺唯是一人獨知見覺
今者近在王舍城住為諸弟子說如是法一
切衆中若是王者自在隨意造作善惡雖為
衆惡悉无有罪如火燒物无淨不淨王亦如
是與火同性譬如大地淨穢普載雖為是事
初无瞋喜王亦如是與地同性譬如水性淨穢
俱洗雖為是事亦无憂喜王亦如是與水同
性譬如風性淨穢等吹雖為是事亦无憂
喜王亦如是與風同性如秋髡樹春則還生
雖復髡斫實无有罪一切衆生亦復如是此
間命終還生此間以還生故當有何罪一切
衆生苦樂果報悉皆不由現在世業因在過

BD01123　大般涅槃經卷一九

阿[illegible]命終遂生此[illegible]以逆生故當有何罪[illegible]一[illegible]
衆生苦樂果報悉皆不由現在世業因在過
去現在受果現在无因未來无果以現果故
衆生持戒勤脩精進遮現惡果以持戒故則
得无漏得无漏故盡有漏業以盡業故衆苦
得盡衆苦盡故故得解脫唯願大王速往其
所令其療治身心苦痛王若見者衆罪則除
王即荅言審有是師能除我罪我當歸依復
有一臣名悉知義即至王所作如是言王今
何故形不端嚴如失國者如泉枯涸池无蓮
華樹无華葉破戒比丘身无威德為身痛耶
為心痛乎王即荅言今我身心豈得不痛我
父先王慈愛流念然我不孝不孝不知報恩常
以安樂安樂於我而我背恩反斷其樂先王

父當於无量阿僧祇劫受大苦惱我今不久
必墮地獄又无良醫救療我罪大臣即言唯
願大王放捨愁苦王不聞耶昔者有王名曰
羅摩害其父已得紹王位拔提大王毗樓真
王那睺沙王迦帝迦王毗舍佉王月光明王
日光明王愛王持多人王如是等王皆害其
父得紹王位然无一王入地獄者於今現在
毗流離王優陁耶王惡性王鼠王蓮華王如
是等王皆害其父悉无一王生愁惱者雖言
地獄餓鬼天中誰有見者大王當知唯有二
有一者人道二者畜生雖有是二非因緣生
非因緣死若非因緣何有善惡唯願大王勿
懷愁怖何以故

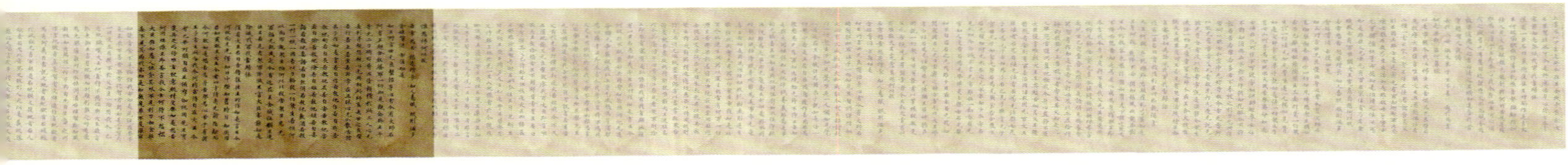

報曰無死若報曰無何有善惡時有大王答
懷愁怖何以故
若常愁苦 愁遂增長 如人憙眠 眠則滋多
貪婬嗜酒 亦復如是
如王所言世无良醫治身心者今有大師名
阿耆多翅舍欽婆羅一切知見觀金與土平
等无二刀斫右脅左塗栴檀於此二人心无
差別等視怨親心无異相此師真是世之良醫
若行若立若坐若卧常在三昧心无分散告諸
弟子作如是言若自作若教他作若自斫若
教他斫若自炙若教他炙若自害若教他害
若自偷若教他偷若自婬若教他婬若自妄
語若教他妄語若自飲酒若教他飲酒若殺
一村一城一國皆以刀輪殺一切衆 生豈可

[illegible]
罪福无施戒定今者近在王舍城住願王速
往王若見者衆罪除滅王言大臣審能如是
除滅我罪我當歸依
復有大臣名曰吉得復往王所作如是言王今
何故面无光澤如日中燈如晝時月如失國
君如荒敗土大王今者四方清夷无諸怨敵而
今何故如是愁苦爲身苦耶爲心苦乎有諸
王子常生此念我今何時當得自在大王今
者已果所願自在王領摩伽陁國先王寶
藏具足而得唯當快意縱情受樂如是愁苦
何用愁懷王即答言我今云何得不愁惱
大臣譬如愚人但貪其味不見利刀如食雜
毒不見其過我亦如是如鹿見草不見深穽

[illegible]
毒不見其過我亦如是如麋見草不見深穽
如鼠貪食不見猫狸我亦如是見現在樂不
見未來不善苦果曾從智者聞如是言寧於
一日受三百攢不於父母生一念惡我今已
近地獄熾火云何當得不愁惱耶大臣復言
誰來誑王言有地獄如刾頭利誰之所造飛
鳥色異復誰所作水性潤漬石性堅鞕如風
動性如火熱性一切万物自死自生誰之所
作言地獄者直是智者文辭造作言地獄者
爲有何義臣當説之地者名地獄者名破破
於地獄无有罪報是名地獄又復地者名人
獄者名天以害其父故到人天以是義故婆
[illegible]

[illegible]
名地獄大王是故當知實无地獄大王如種
麦得麦種稻得稻殺地獄者還得地獄殺害
於人應還得人大王今當聽臣所說實无殺
害若有我者實亦无害若无我者復无所害
何以故若有我者常不變易以常住故不可
殺害不破不壞不繫不縛不瞋不喜猶如虛
空云何當有殺害之罪若无我者諸法无常
以无常故念念壞滅念念滅故殺者死者皆
念念滅若念念滅誰當有罪大王如火燒木
火則无罪如斧斫樹斧亦无罪如鎌刈草鎌
實无罪如刀殺人刀實非人刀亦无罪人云何
罪如毒殺人毒實非人毒藥非罪人云何罪
一切万物皆亦如是實无殺害云何有罪唯

罪女妻殺人妻實非人妻尊非罪人去何罪
一切万物皆亦如是實无殺害去何有罪唯
顏大王莫生愁苦何以故
若常愁苦愁遂增長如人憙眠眠則滋多
貪婬嗜酒亦復如是
如王所言世无良醫治惡業者今有大師名
迦羅鳩馱迦栴延一切知見明了三世於一
念頃能見无量无邊世界聞聲亦尒能令衆
生遠離過惡猶如恒河若內若外所有諸罪
悉皆清淨是大良師亦復如是能除衆生內
外衆罪爲諸弟子說如是法若人殺害一切
衆生心无慚愧終不墮惡猶如虛空不受塵
水有慚愧者即入地獄猶如大水潤漬於地
一切衆生悉是自在天之所作自在天喜衆

生安樂自在天瞋衆生苦惱一切衆生若罪
若福乃是自在之所爲作云何當言人有罪
福譬如工匠作機關木人行住坐臥唯不能
言衆生亦尒自在天者喻如工匠木人者喻
衆生身如是造化誰當有罪如是大師今者
近在王舍城住唯願速往如是見者衆罪消
滅王即答言審有是人能滅我罪我當歸依
復有一臣名无所畏往至王所說如是言大
王世有愚人一日之中百喜百愁百眠百寤
百驚百哭有智之人斷无是事大王何故憂
愁如是如失侶客如墮深泥无救拔者如人
渴乏不得漿水猶如迷人无有導者如困病
人无醫救療如海船破无救接者大王今者
爲身痛耶爲心痛乎王即答言我今身心豈

人无醫救療如法船破无救護者大王今者
為身痛耶為心痛乎王即答言我今身心豈
得不痛我近惡友不觀口過先王无辜橫興
逆害我今定知當入地獄復无良醫而見救
療臣即白言唯願大王莫生愁毒夫剎利者
名為王種若為國土若為沙門及婆羅門為
安人眠雖復殺害无有罪也先王雖復恭敬
沙門不能承事諸婆羅門心无平等无平等
故則非剎利大王今者為欲供養諸婆羅門
殺害先王當有何罪大王實无殺害夫殺害
者殺害壽命命名風氣風氣之性不可斫害
云何害命而當有罪唯願大王莫復愁苦何
以故
若常愁苦愁遂增長如人憙眠眠則滋多

如王所言世无良醫而療治者今有大師名
尼乾陁若提子一切知見憐愍衆生善知衆
生諸根利鈍達解一切隨宜方便世間八法
所不能汙寂静脩集清淨梵行為諸弟子説
如是言无施无善无父无母今世後世无阿
羅漢无脩无道一切衆生逕八万劫於生死
輪自然得脫有罪无罪悉亦如是如四大河
所謂辛頭恒河博叉私陁悉入大海无有差
別一切衆生亦復如是得解脫時悉无差別
是師今在王舍城住唯願大王速往其所若
得見者衆罪消除王即荅言審有是師能除
我罪我當歸依
尒時大醫名曰耆婆往至王所白言大王得

我罪我當歸依
尒時大醫名曰耆婆往至王所白言大王得
安眠不即以偈荅言
若有能永断一切諸煩惱 不貪染三界 乃得安隱眠
若得大涅槃 演說甚深義 名真婆羅門 乃得安隱眠
身无諸惡業 口離於四過 心无有疑网 乃得安隱眠
身心无熱惱 安住寂靜處 獲致无上樂 乃得安隱眠
心无有取著 遠離諸怨讎 常和无諍訟 乃得安隱眠
若不造惡業 心常懷慚愧 信惡有果報 乃得安隱眠
敬養於父母 不害一生命 不盜他人財 乃得安隱眠
調伏於諸根 親近善知識 破壞四魔衆 乃得安隱眠
不見吉不吉 及以苦樂等 為諸衆生故 輪轉於生死
若能如是者 乃得安隱眠
誰得安隱眠 所謂諸佛是 深觀空三昧 身心安不動

言行[illegible]　所言[illegible]　[illegible]方便　[illegible]如一子
衆生无明覆　不見煩惱果　常造諸惡業　不得安隱眠
若為於自身　及以他人身　造作十惡業　不得安隱眠
若言為樂故　害父无過咎　隨是惡知識　不得安隱眠
若食過節度　冷飲而過差　如是則病苦　不得安隱眠
若於王有過　邪念他婦女　及行曠路者　不得安隱眠
持戒果未熟　太子未紹位　盜者未獲財　不得安隱眠
耆婆我今病重於正法王興惡逆害一切良
醫妙藥呪術善巧瞻病所不能治何以故我
父法王如法治國實无辜咎橫加逆害如魚
處陸當有何樂如鹿在羂初无歡心如人自
知命不終日如王失國逃迸他土如人聞病
不可療治如破戒者聞說罪過我昔曾聞智

不可療治如破戒者聞說罪過我昔曾聞智
者說言身口意業若不清淨當知是人必墮
地獄我亦如是云何當得安隱眠耶今我又
无无上大醫演說法藥除我病苦耆婆荅言
善㦲善㦲王雖作罪心生重悔而懷慚愧大
王諸佛世尊常說是言有二白法能救衆生
一慚二愧慚者自不作罪愧者不教他作慚
者内自羞恥愧者發露向人慚者羞人愧者
羞天是名慚愧无慚愧者不名為人名為畜
生有慚愧故則能恭敬父母師長有慚愧故
說有父母兄弟姉妹善㦲大王具有慚愧大
王且聽臣聞佛說智者有二一者不造諸惡
二者作已懺悔愚者亦二一者作罪二者覆
藏雖先作惡後能發露[illegible]

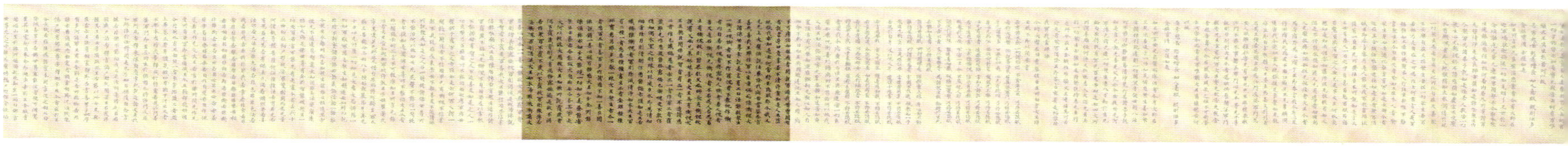

猶如濁水置之明珠以珠威力水即為清如
烟雲除月則清明作惡能悔亦復如是王若
懺悔懷慚愧者罪則除滅清淨如本大王冨
有二種一者象馬種種畜生二者金銀種種
珍寶象馬雖多不敵一珠大王衆生亦尒一
者惡冨二者善冨多作諸惡不如一善臣聞
佛說脩一善心破百種惡大王如少金剛能
壞須弥亦如少火能燒一切如少毒藥能害
衆生小善亦尒能破大惡雖名小善其實是
大何以故破大惡故大王如佛所說覆藏者
漏不覆藏者則无有漏發露悔過是故不漏
若作衆罪不覆不藏以不覆故罪則微薄若
悔慚愧罪則消滅大王如水渧雖微漸盈大

懷慚愧罪則消滅大王如水滴雖微漸盈大
器善心亦尒一一善心能破大惡若覆罪者
罪則增長發露慚愧罪則消滅是故諸佛說
有智者不覆藏罪善哉大王能信因果信業
信報唯願大王莫懷愁怖若有衆生造作諸
罪覆藏不悔心无慚愧不見因果及以業報
不能諮啓有智之人不近善友如是之人一
切良醫乃至瞻病所不能治如迦摩羅病世
醫拱手覆罪之人亦復如是云何罪人謂一
闡提一闡提者不信因果无有慚愧不信業
報不見現在及未來世不親善友不隨諸佛
所說教戒如是之人名一闡提諸佛世尊所
不能治何以故如世死屍醫不能治一闡提
者亦復如是諸佛世尊所不能治大王今者

我一臣村言何不言大而拔寒如三兩言不能
治者大王當知迦毗羅城淨飯王子姓瞿曇氏
字悉達多无師覺悟自然而得阿耨多羅三
藐三菩提卅二相八十種好莊嚴其身具足
十力四无所畏一切知見大慈大悲憐愍一
切如羅睺羅隨善眾生如犢逐母知時而說
非時不語實語淨語妙語義語法語一語能
令眾生永離煩惱善知眾生諸根心性隨宜方
便无不通達其智高大如須弥山深邃廣遠
猶如大海是佛世尊有金剛智能破眾生一
切惡罪若言不能无有是處今者去此十
二由旬在拘尸那城娑羅雙樹間而為无量
阿僧祇等諸菩薩僧演種種法若有若无若
有為若无為若有漏若无漏若煩惱果若善

何僧祇等諸菩薩僧演種種法若有若无若
有為若无為若有漏若无漏若煩惱果若善
法果若色法若非色法若非非色法若
我若非我若非非我若常若非常若非
常若非非常若樂若非樂若非非樂若相
若非相若非相非非相若斷若非斷若非斷
非非斷若世若出世若非世非出世若乘若
非乘若非乘非非乘若自作自受若自作他
受若无作无受大王若當於佛所聞无作无
受所有重罪即當消滅王今且聽釋提桓因
命將欲終有五相現一者衣裳垢膩二者頭
上華萎三者身體臭穢四者腋下汗出五者
不樂本座時天帝釋或於靜處若見沙門者
[illegible]

門與諸梵志說如是言天主我
今歸依於汝釋聞是已乃知非佛復自念言
彼若非佛不能治我五退沒相是時御臣名
般遮尸詣帝釋言憍尸迦乾闥婆王名敦浮
樓其王有女字須跋陀王若能以此女見與
臣當亦王除喪相釋即答言善男子毗摩
質多阿脩羅王有女舍脂是吾所敬卿若必
能亦吾消滅惡相處者猶當相與況須跋陀
憍尸迦有佛世尊字釋迦牟尼今者在於王
舍大城若能往彼諮稟未聞喪沒之相必得
除滅善男子若佛世尊審能滅者便可迴駕
至其住處御臣奉命即迴車乘到王舍城耆
闍崛山至於佛所頭面禮足却坐一面白佛言
世尊天人之中雖爲業轉爲世[illegible][illegible][illegible]

闍崛山至於佛所頭面礼足却坐一面白佛言
世尊天人之中誰為繫縛憍尸迦慳貪嫉妬
又言慳貪嫉妬因何而生荅言因无明生又言
无明復因何生荅言因放逸生又言放逸
復因何生荅言因顛倒生又言顛倒復因何
生荅言因疑心生世尊顛倒之法因疑生者
實如聖教何以故我有疑心以疑心故則生顛
倒於非世尊生世尊想我今見佛疑网即除
疑网除故顛倒亦盡顛倒盡故无有慳心乃
至嫉心佛言汝言无有慳嫉心者汝今已
得阿那含耶阿那含者无有貪心若无貪心
云何為命來至我所而阿那含實不求命世
尊有顛倒者則有求命无顛倒者則不求命
然我今者實

[illegible]
世必當得之尒時帝釋聞佛說已五衰沒相
即時消滅便起作礼遶佛三匝恭敬合掌而
白佛言世尊我今即死即生失命得命又聞
佛記當得阿耨多羅三藐三菩提是為更生
為更得命世尊一切人天云何增益復以何
緣而致損減憍尸迦鬪諍因緣人天損減善
脩和敬則得增長世尊若以鬪諍而損減者
我從今日更不復與阿脩羅戰佛言善哉善
哉憍尸迦諸佛世尊說忍辱法是阿耨多羅
三藐三菩提因尒時釋提桓因即前礼佛扵
是還去大王如來以能除諸惡相是故稱佛
不可思議王若往者所有重罪必當得除大
王且聽有婆羅門子字曰不害人煞無量者

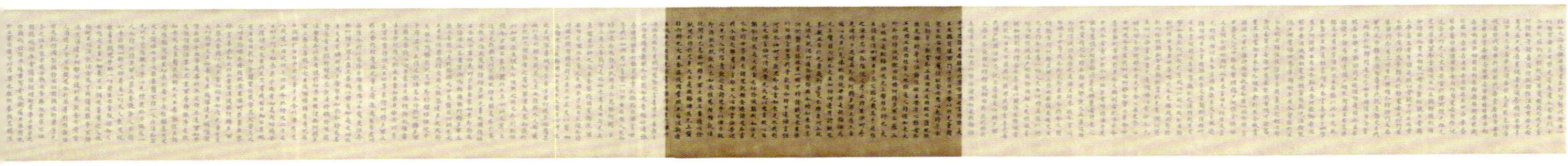

不可思議王若往者所有重罪也當得除大
王且聽有婆羅門子字曰不害以煞无量諸
衆生故名鴦崛魔復欲害母惡心起時身亦
隨動身心動者即五逆因五逆因故也墮地獄
後見佛時身心俱動復欲生害身心動者即
五逆因五逆因故當入地獄是人得遇如來大
師即時得滅地獄因緣發阿耨多羅三藐三
菩提心是故稱佛為无上醫非六師也大
王復有須毗羅王子其父瞋之截其手足推
之深井其母矜愍使人挈出將至佛所尋
見佛時手足還具即發阿耨多羅三藐三菩
提心大王以見佛故得現果報是故稱佛為
无上醫非六師也大王如恒河邊有諸餓鬼
其數五百於无量歲初不見水雖至河上

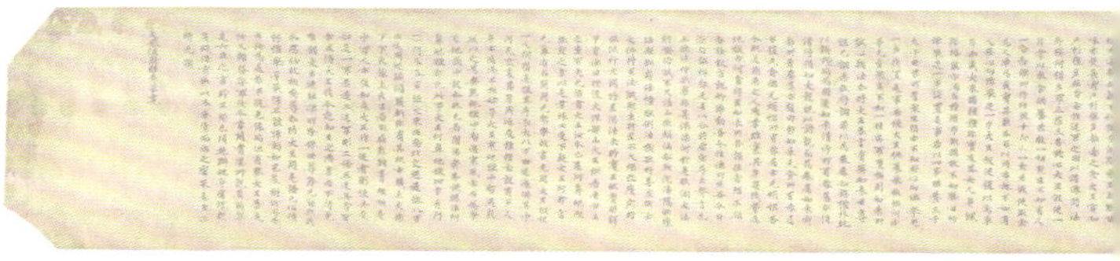

河側欝曇鉢林坐一樹下時諸餓鬼来至佛
所白佛言世尊我等飢渴命將不遠佛言恒
河流水汝何不飲鬼即荅言如来見水我則
見火佛言恒河清流實无火也以惡業故心自
顛倒謂為是火我當為汝除滅顛倒令汝見
水尒時世尊廣為諸鬼說慳貪過諸鬼即言
我今渴乏雖有法言都不入心佛言汝若渴
乏先可入河恣意飲之是諸鬼等以佛力故
即得飲水既飲水已如来復為種種說法
既聞法已悉發阿耨多羅三藐三菩提心捨
餓鬼形得於天身大王是故稱佛為无上醫
非六師也大王舍婆提國羣賊五百波斯匿
王挑出其目盲无前導不能得往至於佛所

BD01123　大般涅槃經卷一九

非六臣也大王舍婆提國羣賊[illegible]其[illegible]
王挑出其目盲无前導不能得往至於佛所
佛憐愍故即至賊所慰喻之言善男子善護身
口勿更造惡諸賊即時聞如来音微妙清徹
尋還得眼即於佛前合掌礼佛而白佛言世
尊我今知佛慈心普覆一切衆生非獨人天尒
時如来即為説法既聞法已悉發阿耨多
羅三藐三菩提心是故如来真是世間无上
良醫非六師也大王舍婆提國有旃陁羅
名曰氣嘘煞无量人見佛弟子大目乹連即時
得破地獄因緣而得上生三十三天以有如
是聖弟子故稱佛如来為无上醫非六師也
大王波羅㮈城有長者子名阿逸多婬慝其
王以是因緣然我[illegible]

此知識復生慚恥即便煞之煞已即到祇桓
精舍求欲出家時諸比丘具知此人有三
逆罪无敢聽者以不聽故倍生瞋恚即於其
夜放大猛火焚燒僧坊多煞无辜然後復往
王舍城中至如來所求哀出家如來即聽為
說法要令其重罪漸漸輕微發阿耨多羅三
藐三菩提心是故稱佛為世良醫非六師也大
王王本性暴惡信受惡人提婆達多放大醉
象欲令踐佛象既見佛即時醒悟佛便申
手摩其頂上復為說法恚令得發阿耨多羅
三藐三菩提心大王畜生見佛猶得破壞畜
生業果況復人耶大王當知若見佛者所有
重罪必當得滅大王世尊未得阿耨多羅三

重罪必當得滅大王世尊未得阿耨多羅三
藐三菩提時魔與无量无邊眷屬至菩薩所
菩薩尒時以忍辱力壞魔惡心令魔受法尋
發阿耨多羅三藐三菩提心佛有如是大功德
力大王有曠野鬼多害衆生如来尒時為善
賢長者至曠野村為其說法時曠野鬼聞
法歡喜即以長者授於如来然後便發阿耨多
羅三藐三菩提心大王波羅㮈國有屠兒名
日廣額於日日中煞无量羊見舍利弗即受
八戒逕一日夜以是因緣命終得為北方天
王毗沙門子如来弟子尚有如是大功德果
況復佛也大王北天竺有城名曰細石其城
有王名曰龍印貪國重位害其父

佛言善來即成比丘重罪消滅發阿耨多羅
三藐三菩提心大王當知佛有如是无量无邊
大功德果大王如來有弟提婆達多破壞衆
僧出佛身血害蓮華比丘尼作三逆罪如來
爲說種種法要令其重罪尋得微薄是故
如來爲大良醫非六師也大王若能信臣語
者唯願速往至如來所若不見信願善思之
大王諸佛世尊大悲普覆不限一人正法弘廣
无所不苞怨親平等心无憎愛終不偏爲一
人令得阿耨多羅三藐三菩提餘人不得
如來非獨四部之師普是一切天人龍鬼地
獄畜生餓鬼等師一切衆生亦當視佛如父
母想大王當知如來不但獨爲豪貴之人跋

BD01123　大般涅槃經卷一九

母想大王當知如來不但獨為豪貴之人拔
提迦王而演說法亦為下賤優波離等不獨
偏受須達多阿那邠提所奉飲食亦受貧
人須達多食不但獨為舍利弗等利根說法
亦為鈍根周梨槃特不但獨聽大迦葉等无
貪之性出家求道亦聽大貪難陁出家不但
獨聽煩惱薄者優樓頻螺迦葉等出家求道
亦聽煩惱深厚造重罪者波斯匿王弟脩陁
耶出家求道不以莎草恭敬供養拔其瞋恨
鴦崛摩羅惡心欲害捨而不救不但獨為有
智男子而演說法亦為極愚洋合智女人
說法不但獨令出家之人得四道果亦令在

閑處思惟不說法要亦為頻婆娑羅王等
領國事理王務者而說法要不但獨為斷酒
之人亦為耽酒郁伽長者荒醉者說不但獨
為入禪定者離波多芩亦為喪子乱心婆羅
門女婆私吒說不但獨為巳之弟子亦為外
道居乹子說不但獨為盛壯之年二十五者
亦為衰老八十者說不但獨為根熟之人亦
為善根未熟者說不但獨為末利夫人亦為
婬女蓮華女說不但獨受波斯匿王上饌甘
味亦受長者尸利毱多雜毒之食大王當知
尸利毱多往昔亦作逆罪之因以遇佛聞法
即發阿耨多羅三藐三菩提心大王假使一
月常以衣食供養恭敬一切衆生不如有人
一念念佛所得功德十六分一大王假使鍜金

一念念佛所得功德十六分一大王假使鍛金
爲人車馬載寶其數各百以用布施不如有
人發心向佛舉足一步大王假使復以爲車
百乘載大秦國種種珎寶及其女人身佩
瓔珞數亦滿百持用布施猶故不如發心向
佛舉足一步復置是事若以四事供養三千
大千世界所有衆生猶亦不如發心向佛舉足
一步復置是事若使大王供養恭敬恒河沙
等无量衆生不如一往娑羅雙樹到如來所
誠心聽法尒時大王咨言耆婆如來世尊
性已調柔故得調柔以爲眷屬如栴檀林純
以栴檀而爲圍遶如來清淨所有眷屬亦復

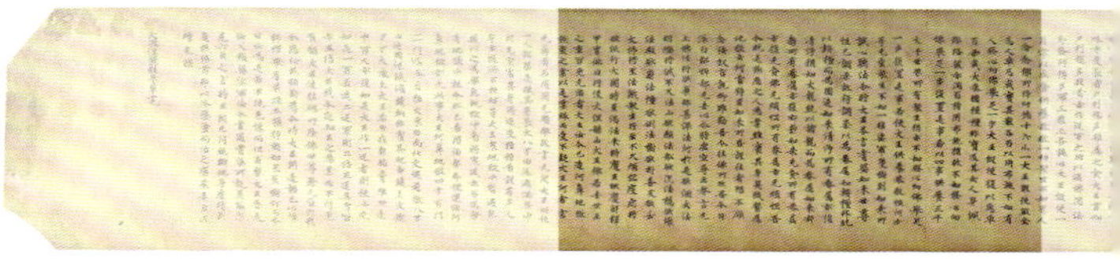

亦復无貪佛无煩惱所有眷屬亦无煩惱吾
今既是極悪之人悪業纏裹其身臭穢繫屬
地獄云何當得至如来所吾設往者恐不顧
念接叙言說卿雖勸吾令往佛所然吾今日
深自鄙悼都无去心尒時虚空尋出聲言无
上佛法将欲衰殄甚深法河於是欲涸大法
明燈将滅不久法山欲頹法船欲沉法橋欲壊
法殿欲崩法幢欲倒法樹欲折善友欲去
大怖将至法饑衆生将至不久煩惱疫病将
欲流行大闇時至渴法来時魔王欣慶解釋
甲冑佛日将没大涅槃山大王佛若去世王
之重罪更无治者大王汝今已造阿鼻地獄
極重之業以是業緣必受不疑大王阿者言

必重業耶大王言者大王今已造阿鼻地獄
極重之業以是業緣必受不疑大王何者言
无鼻者名間間无暫樂故言无間大王假使
一人獨墮是獄其身長大八万由延遍滿其中
間无空處其身周匝受種種苦設有多人
身亦遍滿不相妨㝵大王寒地獄中暫遇熱
風以之為樂熱地獄中暫遇寒風亦名為樂
有地獄中設命終已若聞活聲即便還活阿
鼻地獄都无此事大王阿鼻地獄四方有門
一一門外各有猛火東西南北交過通徹八万
由延周匝鐵墻鐵網弥覆其地亦鐵上火徹
下下火徹上大王若魚在熬脂膏燋然是
中罪人亦復如是大王作一逆者則便具受
如是一罪若造二逆罪則二倍五逆具者罪

[illegible]
唯願大王速往佛所除佛世尊餘无能救我
今愍汝故相勸導尒時大王聞是語已心懷
怖懼舉身戰慄五體掉動如芭蕉樹仰而荅
曰汝為是誰不現色像而但有聲大王吾是
汝父頻婆娑羅汝今當隨耆婆所說莫隨邪
見六臣之言時王聞已悶絕躃地身瘡增劇
臭穢倍前雖以冷藥塗而治之瘡蒸毒熱但
增无損

大般涅槃經卷第十九

大般涅槃經卷第十九

BD01124A 四分比丘尼戒本

（後秦）佛陀耶舍 譯

（唐）懷素 集

114.5cm×26.6cm

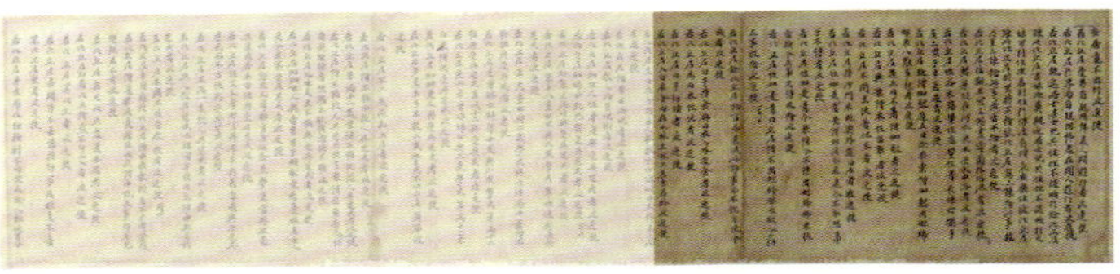

安居竟不出行波逸提
若比丘尼畏邊界有疑恐怖處人間遊行者波逸提
若比丘尼於界內有疑恐怖處在人間遊行者波逸提
若比丘尼親近居士居士兒共住作不隨順行餘比丘尼
諫此比丘尼言妹汝莫親近居士兒共住作不隨順行大
妹可別住汝若別住於佛法有增益安樂住彼比丘尼
諫此比丘尼時堅持不捨彼比丘尼應三諫捨此事故
乃至三諫捨此事若不捨者波逸提
若比丘尼往觀王宮文飾畫堂園林浴池者波逸提 百
若比丘尼露身形在河水泉水渠水中浴者波逸提
若比丘尼作浴衣應量作應量作者長佛六磔手
廣二磔手半若過者波逸提
若比丘尼縫僧伽梨過五日除求索僧伽梨出迦絺
那衣八難事起者波逸提

若比丘尼與衆僧衣作留難者波逸提

若比丘尼不問主便着他衣者波逸提

若比丘尼持沙門衣施與外道白衣者波逸提

若比丘尼作如是意衆僧如法分衣遮令不分恐弟
子不得者波逸提

若比丘尼作如是意令衆僧令不得出迦絺那衣後
當欲令五事久得放捨波逸提

若比丘尼作如是意比丘尼僧不出迦絺那衣欲令久得
五事放捨波逸提　一百一十

若比丘尼餘比丘尼語言為我滅此諍事而不作方便令
滅者波逸提

若比丘尼自手持食與白衣入外道食者波逸提

若比丘尼為白衣作使者波逸提

若比丘尼自手紡績者波逸提

若比丘尼入白衣舍內在小林大林上若坐若臥波逸提

若比丘尼入白衣舍内在小林大林上若坐若卧波逸提
若比丘尼至白衣舍語主人敷敷坐止宿明日不辭主人而
去波逸提
若比丘尼誦習世俗呪者波逸提
若比丘尼教人誦習呪術者波逸提
若比丘尼知女人任身度與受具足戒者波逸提
若比丘尼知婦女乳兒與受具足戒者波逸提 百卅
若比丘尼知年不滿廿與受具足戒者波逸提
若比丘尼年十八童女不與二歲學戒年廿便與受具
足戒者波逸提
若比丘尼年十八童女與二歲學戒與六法滿廿衆僧不
聽便與受具戒者波逸提
若比丘尼度曾嫁女婦年十歲與二歲學戒年滿十二
聽與受具足戒若減十二與受具戒者波逸提
若比丘尼度小年曾嫁婦女與二歲學戒年滿十二不

若比丘尼多度弟子不教二歲學戒不以二法攝取波
逸提
若比丘尼不二歲隨和上尼者波逸提
若比丘尼僧不聽而授人具足戒者波逸提　百卌
若比丘尼年滿十二歲眾僧不聽便授人具足戒者波逸提
若比丘尼僧不聽授人具足戒便言眾僧有愛有恚有怖
有癡欲聽者便聽不欲聽者便不聽波逸提
若比丘尼父母夫主不聽與受具足戒者波逸提
若比丘尼知如女人與童男男子相敬愛愁憂瞋恚女人
度令出家受具足戒者波逸提
若比丘尼語式叉摩那言汝妹捨是學是當與汝受
具足戒若不方便與受具足戒波逸提
若比丘尼語式叉摩那言持衣來與我當我與汝受具
足戒而不方便與受具足戒波逸提

足戒而不方便與受具足戒波逸提
若比丘尼不滿一歲授人具足戒者波逸提
若比丘尼與人授具足戒已經宿方往比丘僧中與受具
足戒者波逸提
若比丘尼不病不往受教授者波逸提 百卅
若比丘尼半月應往比丘尼僧中求教授若不求者波逸提
若比丘尼僧夏安居竟應往比丘僧中說三事自恣見
聞疑若不者波逸提
若比丘尼在无比丘處夏安居者波逸提
若比丘尼知有比丘僧藍不白而入者波逸提
若比丘尼罵比丘者波逸提
若比丘尼喜鬪諍不善憶持諍事後瞋恚不喜
罵比丘尼衆者波逸提
若比丘尼身生癰及種種創不白衆及餘人輒使男子

BD01124B

四分比丘尼戒本

（後秦）佛陀耶舍 譯

（唐）懷素 集

70cm × 27cm

衣者尼薩耆波逸提
若比丘尼不得衣者隨彼所來處若自往若遣使往語言
汝先遣使持衣買與某甲比丘尼是比丘尼竟不得汝
還取莫使失此是時
若比丘尼自取金銀若錢若教人取若口可受尼薩耆波逸提
若比丘尼種種買賣寶物者尼薩耆婆逸提
若比丘尼種種販賣者尼薩耆波逸提
若比丘尼鉢減五綴不漏更求新鉢為好故尼薩耆波逸提
若比丘尼當持此新鉢於尼衆中捨從次第貿至下坐
以下坐鉢與此比丘尼言妹持此鉢不乃至破此是時
若比丘尼自求縷使非親里織師作衣者尼薩耆波逸提

若比丘尼居士居士婦使織師為比丘尼織作衣
尼先不受自恣請便往到彼所語織師言此衣為我織極
好織令廣長堅緻齊整好我當少多與汝價若比丘尼與
價乃至一食得衣者尼薩耆波逸提
若比丘尼與比丘尼衣已後瞋恚若自奪若教人奪取還
我衣來不與汝是比丘尼應還衣彼衣者尼薩耆波逸提
若諸病比丘尼畜藥酥油生酥蜜石蜜得食殘宿乃至
七日得服若過七日服尼薩耆波逸提
若比丘尼十日未滿夏三月若有急施衣比丘尼知是急施
衣應受受已乃至衣時應畜若過者畜尼薩耆波逸提
若比丘尼知物向僧自求入已者尼薩耆波逸提
若比丘尼欲索是更索彼者尼薩耆波逸提

若比丘尼欲索是更索彼者尼薩耆波逸提
若比丘尼知檀越所為僧施異迴作餘用者尼薩耆波逸提
若比丘尼所為施物異自求為僧迴作餘用者尼薩耆波逸提
若比丘尼檀越所施物異迴作餘用者尼薩耆波逸提
若比丘尼檀越所為施物異自求為僧迴作餘用者尼薩
耆波逸提
若比丘尼畜長鉢者尼薩耆波逸提
若比丘尼多畜好色器者尼薩耆波逸提
若比丘尼許比丘尼病衣後不與者尼薩耆波逸提
若比丘尼以非時衣受作時衣者尼薩耆波逸提
若比丘尼與比丘尼衣貿易衣後瞋恚還自奪取若使人
奪妹還我衣來我不與汝汝衣屬汝我衣還我者尼薩

BD01125 四分比丘尼戒本

（後秦）佛陀耶舍 譯
（唐）懷素 集

39cm×27.5cm

若比丘尼知有負債難者病難者與受具足戒者波逸提
若比丘尼學世俗伎術以自活命波逸提
若比丘尼以世俗呪術教授白衣波逸提 一百七十
若比丘尼被擯不去者波逸提
若比丘尼欲問比丘義先不求而問者波逸提
若比丘尼知先住後至後至先住欲惱彼故在前經行
若立若卧若坐波逸提
若比丘尼在有比丘僧伽藍內起塔波逸提
若比丘尼見新受戒比丘應起迎送恭敬礼拜問訊
請與坐不者除因緣波逸提
若比丘尼為好故搖身趣行者波逸提
若比丘尼作婦女莊嚴香塗摩身波逸提
若比丘尼使外道女香塗摩身波逸提

諸大姊[illegible]
今問諸大姊是中清淨不 如是三說
諸大姊是中清淨嘿然故是事如是持
諸大姊是八波羅提提舍尼法半月半月戒經中說
若比丘尼不病乞蘇食者犯應懺悔可訶法應向餘比丘尼說言
大姊我犯可呵法所不應為今向大姊懺悔是名悔過法
若比丘尼不病乞油食者犯應懺悔可呵法應向餘比丘尼說
言大姊我犯可呵法所不應為我今向大姊懺悔是名悔過法
若比丘尼不病乞蜜食者犯應懺悔可呵法應向餘比丘尼說言大
姊我犯可呵法所不應為我今向大姊懺悔是名悔過法

BD01126　妙法蓮華經卷二

（後秦）鳩摩羅什 譯

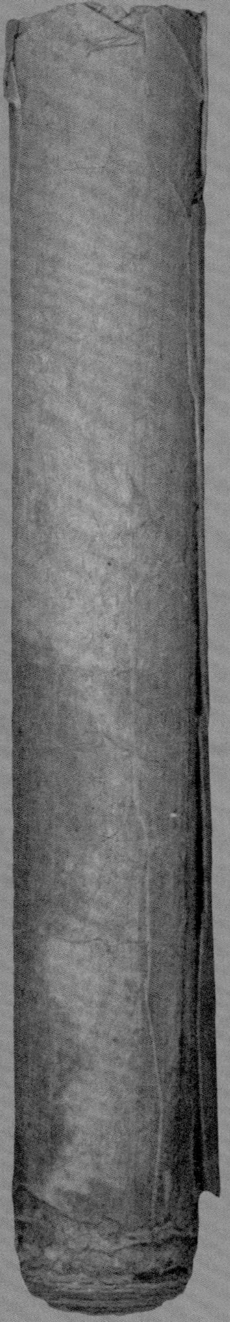

476.9cm × 25.3cm

我已得漏盡　聞亦除憂惱　我處於山谷　或在林樹下
若坐若經行　常思惟是事　嗚呼深自責　云何而自欺
我等亦佛子　同入无漏法　不能於未來　演說无上道
金色三十二　十力諸解脫　同共一法中　而不得此事
八十種妙好　十八不共法　如是等功德　而我皆已失
我獨經行時　見佛在大衆　名聞滿十方　廣饒益衆生
自惟失此利　我為自欺誑　我常於日夜　每思惟是事
欲以問世尊　為失為不失　我常見世尊　稱讚諸菩薩
以是於日夜　籌量如此事　今聞佛音聲　隨宜而說法
无漏難思議　令衆至道場　我本著邪見　為諸梵志師
世尊知我心　拔邪說涅槃　我悉除邪見　於空法得證
尒時心自謂　得至於滅度　而今乃自覺　非是實滅度

是時乃可謂　永盡滅无餘　佛於大眾中　說我當作佛
聞如是法音　疑悔悉已除　初聞佛所說　心中大驚疑
將非魔作佛　惱亂我心耶　佛以種種緣　譬喻巧言說
其心安如海　我聞疑網斷　佛說過去世　无量滅度佛
安住方便中　亦皆說是法　現在未來佛　其數无有量
亦以諸方便　演說如是法　如今者世尊　從生及出家
得道轉法輪　亦以方便說　世尊說實道　波旬无此事
以是我定知　非是魔作佛　我墮疑網故　謂是魔所為
聞佛柔軟音　深遠甚微妙　演暢清淨法　我心大歡喜
疑悔永已盡　安住實智中　我定當作佛　為天人所敬
轉无上法輪　教化諸菩薩
尒時佛告舍利弗　吾今於天人沙門　婆羅門
等大眾中說　我昔曾於二万億佛所　為无上

BD01126　妙法蓮華經卷二

等大衆中說我昔曾於二万億佛所為无上
道故常教化汝汝亦長夜隨我受學我以方
便引導汝故生我法中舍利弗我昔教汝志
願佛道汝今悉忘而便自謂已得滅度我今
還欲令汝憶念本願所行道故為諸聲聞說
是大乘經名妙法蓮華教菩薩法佛所護念
舍利弗汝於未來世過无量无邊不可思議
劫供養若干千万億佛奉持正法具足菩薩
所行之道當得作佛号曰華光如來應供正
遍知明行足善逝世間解无上士調御丈夫
天人師佛世尊國名離垢其土平正清淨嚴
飾安隱豐樂天人熾盛琉璃為地有八交道
黃金為繩以界其側其傍各有七寶行樹常

其劫名大寶莊嚴何故名曰大寶莊嚴其國
中以菩薩為大寶故彼諸菩薩无量无邊不
可思議筭數譬喻所不能及非佛智力无能
知者若欲行時寶華承足此諸菩薩非初發
意皆久殖德本於无量百千万億佛所淨脩
梵行恒為諸佛之所稱歎常脩佛慧具大神
通善知一切諸法之門質直无偽志念堅固
如是菩薩充滿其國舍利弗華光佛壽十
二小劫除為王子未作佛時其國人民壽八
十劫華光如來過十二小劫授堅滿菩薩阿
耨多羅三藐三菩提記告諸比丘是堅滿菩薩
次當作佛号曰華足安行多陁阿伽度阿羅

次當作佛号曰華足安行多陁阿伽度阿羅
訶三藐三佛陁其佛国土亦復如是舍利弗
是華光佛滅度之後正法住世三十二小劫
像法住世亦三十二小劫尒時世尊欲重宣
此義而說偈言
舍利弗来世　成佛普智尊　号名曰華光　當度无量衆
供養无數佛　具足菩薩行　十力等功徳　證於无上道
過无量劫已　劫名大寶嚴　世界名離垢　清淨无瑕穢
以琉璃為地　金繩界其道　七寶雜色樹　常有華菓實
彼國諸菩薩　志念常堅固　神通波羅蜜　皆已悉具足
於无數佛所　善學菩薩道　如是等大士　華光佛所化
佛為王子時　棄國捨世榮　於最末後身　出家成佛道
華光佛住世　壽十二小劫　其國人民衆　壽命八十劫
佛滅度之後　正法住世　三十二小劫　廣度諸衆生

正法滅盡已　像法三十二　舍利廣流布　天人普供養
華光佛所為　其事皆如是　其兩足聖尊　最勝无倫匹
彼即是汝身　宜應自欣慶
尒時四部眾比丘比丘尼優婆塞優婆夷天
龍夜叉乾闥婆阿脩羅迦樓羅緊那羅摩
睺羅伽等大眾見舍利弗扵佛前受阿耨多
羅三藐三菩提記心大歡喜踊躍无量各各
脫身所著上衣以供養佛釋提桓因梵天王
等與无數天子亦以天妙衣天曼陀羅華摩
訶曼陀羅華等供養扵佛所散天衣住虛空
中而自迴轉諸天伎樂百千万種扵虛空中一
時俱作雨眾天華而作是言佛昔扵波羅柰
初轉法輪今乃復轉无上最大法輪尒時諸

初轉法輪今乃復轉无上最大法輪尒時諸
天子欲重宣此義而說偈言
昔於波羅柰　轉四諦法輪　分別說諸法　五衆之生滅
今復轉最妙　无上大法輪　是法甚深奧　少有能信者
我等從昔來　數聞世尊說　未曾聞如是　深妙之上法
世尊說是法　我等皆隨喜　大智舍利弗　今得受尊記
我等亦如是　必當得作佛　於一切世間　最尊无有上
佛道叵思議　方便隨宜說　我所有福業　今世若過世
及見佛功德　盡迴向佛道
尒時舍利弗白佛言世尊我今无復疑悔親
於佛前得受阿耨多羅三藐三菩提記是諸
千二百心自在者昔住學地佛常教化言我

各自以離我見及有無見等謂得涅槃而今
於世尊前聞所未聞皆墮疑惑善哉世尊願
為四衆說其因緣令離疑悔尒時佛告舍利
弗我先不言諸佛世尊以種種因緣譬喻言
辭方便說法皆為阿耨多羅三藐三菩提耶
是諸所說皆為化菩薩故然舍利弗今當復
以譬喻更明此義諸有智者以譬喻得解舍
利弗若國邑聚落有大長者其年衰邁財富
無量多有田宅及諸僮僕其家廣大唯有一
門多諸人衆一百二百乃至五百人止住其
中堂閣朽故牆壁隤落柱根腐敗梁棟傾危
周匝俱時欻然火起焚燒舍宅長者諸子若
十二十或至三十在此宅中長者見是大火

十二十或至三十在此宅中長者見是大火
從四面起即大驚怖而作是念我雖能於此
所燒之門安隱得出而諸子等於火宅内樂
着嬉戲不覺不知不驚不怖火来逼身苦痛
切己心不猒患无求出意舍利弗是長者作是
思惟我身手有力當以衣裓若以几案從舍出
之復更思惟是舍唯有一門而復狹小諸子
幼稚未有所識戀着戲處或當墮落為火
所燒我當為說怖畏之事此舍已燒宜時
疾出无令為火之所燒害作是念已如所思
惟具告諸子汝等速出父雖憐愍善言誘喻
而諸子等樂着嬉戲不肯信受不驚不畏了
无出心亦復不知何者是火何者為舍云何

爲失但東西走戲視父而已尒時長者即作
是念此舍已爲大火所燒我及諸子若不時
出必爲所焚我今當設方便令諸子等得免
斯害父知諸子先心各有所好種種珎玩奇
異之物情必樂著而告之言汝等所可玩好
希有難得汝若不取後必憂悔如此種種羊
車鹿車牛車今在門外可以遊戲汝等於此
火宅宜速出來隨汝所欲皆當與汝尒時諸
子聞父所說珎玩之物適其願故心各勇鋭
互相推排競共馳走爭出火宅是時長者見
諸子等安隱得出皆於四衢道中露地而坐
无復障礙其心泰然歡喜踊躍時諸子等各
白父言父先所許玩好之具羊車鹿車牛車

白父言父先所許玩好之具羊車鹿車牛車
願時賜與舍利弗尒時長者各賜諸子等一
大車其車高廣衆寶莊校周帀欄楯四面懸
鈴又於其上張設幰蓋亦以珎奇雜寶而嚴
飾之寶繩交絡垂諸華瓔重敷綩綖安置丹
枕駕以白牛膚色充潔形體姝好有大筋力
行步平正其疾如風又多僕從而侍衛之所
以者何是大長者財富无量種種諸藏悉皆
充溢而作是念我財物无極不應以下劣小
車與諸子等今此幼童皆是吾子愛无偏黨
我有如是七寶大車其數无量應當等心各
各與之不宜差別所以者何以我此物周給
一國猶尚不匱何况諸子是時諸子各乘大

是長者等與諸子珎寶大車寧有虛妄不舍
利弗言不也世尊是長者但令諸子得免火
難全其軀命非為虛妄何以故若全身命便
為已得玩好之具况復方便於彼火宅而拔
濟之世尊若是長者乃至不與最小一車猶
不虛妄何以故是長者先作是意我以方便
令子得出以是因緣无虛妄也何况長者自
知財富无量欲饒益諸子等與大車佛告舍
利弗善哉善哉如汝所言舍利弗如來亦復
如是則為一切世間之父於諸怖畏衰惱憂
患无明闇蔽永盡无餘而悉成就无量知見
力无所畏有大神力及智慧力具足方便智

力无所畏有大神力及智慧力具足方便智
慧波羅蜜大慈大悲常无懈惓恒求善事利
益一切而生三界朽故火宅為度衆生生老
病死憂悲苦惱愚癡闇蔽三毒之火教化令
得阿耨多羅三藐三菩提見諸衆生為生老
病死憂悲苦惱之所燒煮亦以五欲財利故
受種種苦又以貪著追求故現受衆苦後受
地獄畜生餓鬼之苦若生天上及在人間貧
窮困苦愛別離苦怨憎會苦如是等種種諸
苦衆生没在其中歡喜遊戲不覺不知不驚
不怖亦不生猒不求解脫於此三界火宅東
西馳走雖遭大苦不以為患舍利弗佛見此
已便作是念我為衆生之父

无量无邊佛智慧樂令其遊戲舍利弗如來
復作是念若我但以神力及智慧力捨於方便
為諸衆生讚如來知見力无所畏者衆生
不能以是得度所以者何是諸衆生未免生
老病死憂悲苦惱而為三界火宅所燒何由
能解佛之智慧舍利弗如彼長者雖復身手
有力而不用之但以慇懃方便勉濟諸子火宅
之難然後各與珎寶大車如來亦復如是雖有
力无所畏而不用之但以智慧方便於三界火
宅救濟衆生為說三乘聲聞辟支佛乘而作是
言汝等莫得樂住三界火宅勿貪麁弊色聲
香味觸也若貪著生愛則為所燒汝等速出
三界當得三乘聲聞辟支佛佛乘我今為

三界當得三乘聲聞辟支佛佛乘我今為
汝保任此事終不虛也汝等但當勤脩精進
如來以是方便誘進衆生復作是言汝等當
知此三乘法皆是聖所稱歎自在无繫无所
依求乘是三乘以无漏根力覺道禪定解
脫三昧等而自娛樂便得无量安隱快樂舍
利弗若有衆生內有智性從佛世尊聞法信
受慇懃精進欲速出三界自求涅槃是名聲聞
乘如彼諸子為求羊車出於火宅若有衆生
從佛世尊聞法信受慇懃精進求自然慧樂
獨善寂深知諸法因緣是名辟支佛乘如
彼諸子為求鹿車出於火宅若有衆生從佛
世尊聞法言受慇懃精進求自然慧樂獨善寂

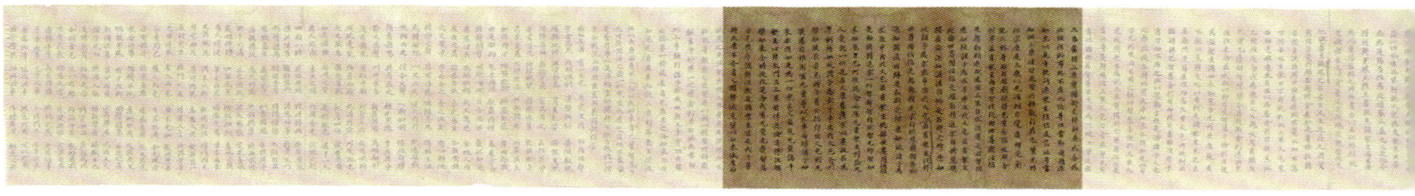

深知諸法因緣是名辟支佛乘如彼諸子為
求鹿車出於火宅若有衆生従佛世尊聞法信
受勤脩精進求一切智佛智自然智无師智如
來知見力无所畏愍念安樂无量衆生利益天
人度脫一切是名大乘菩薩求此乘故名為
摩訶薩如彼諸子為求牛車出於火宅舍利
弗如彼長者見諸子等安隱得出火宅到无
畏處自惟財富无量等以大車而賜諸子如
來亦復如是為一切衆生之父若見无量億千
衆生以佛教門出三界苦怖畏險道得涅槃
樂如來尒時便作是念我有无量无邊智慧
力无畏等諸佛法藏是諸衆生皆是我子等
與大乘不令有人獨得滅度皆以如來滅度而

與大乘不令有人獨得滅度皆以如來滅度而
滅度之是諸衆生脫三界者悉與諸佛禪定
解脫等娛樂之具皆是一相一種聖所稱歎
能生淨妙第一之樂舍利弗如彼長者初
以三車誘引諸子然後但與大車寶物莊嚴
安隱第一然後長者无虛妄之咎如來亦復
如是无有虛妄初說三乘引導衆生然後
但以大乘而度脫之何以故如來有无量智慧力
无所畏諸法之藏一切衆生大乘之法但不盡能
受舍利弗以是因緣當知諸佛方便力故於一佛
乘分別說三佛欲重宣此義而說偈言
譬如長者　有一大宅　其宅久故　而復頓弊

墻壁圮坼　泥塗褫落　覆苫亂墜　椽梠差脫
周障屈曲　雜穢充遍　有五百人　止住其中
守宮百足　狖狸鼷鼠　諸惡虫輩　交橫馳走
屎尿臭處　不淨流溢　蜣蜋諸虫　而集其上
狐狼野干　咀嚼踐蹋　嚌齧死屍　骨肉狼藉
由是群狗　競來搏撮　飢羸慞惶　處處求食
鬪諍齟掣　啀喍嘷吠　其舍恐怖　變狀如是
處處皆有　魑魅魍魎　夜叉惡鬼　食噉人肉
毒虫之屬　諸惡禽獸　孚乳產生　各自藏護
夜叉競來　爭取食之　食之既飽　惡心轉熾
鬪諍之聲　甚可怖畏　鳩槃荼鬼　蹲踞土埵
或時離地　一尺二尺　往返遊行　縱逸嬉戲
捉狗兩足　撲令失聲　以脚加頸　怖狗自樂
復有諸鬼　其身長大　裸形黑瘦　常住其中

復有諸鬼　其身長大　裸形黑瘦　常住其中
發大惡聲　叫呼求食　復有諸鬼　其咽如針
復有諸鬼　首如牛頭　或食人肉　或復噉狗
頭髮蓬亂　殘害凶險　飢渴所逼　叫喚馳走
夜叉餓鬼　諸惡鳥獸　飢急四向　窺看窓牖
如是諸難　恐畏无量　是朽故宅　屬于一人
其人近出　未久之間　於後舍宅　欻然火起
四面一時　其焰俱熾　棟梁椽柱　爆聲震裂
摧折墮落　墻壁崩倒　諸鬼神等　揚聲大叫
鵰鷲諸鳥　鳩槃荼等　周章惶怖　不能自出
惡獸毒蟲　藏竄孔穴　毗舍闍鬼　亦住其中
薄福德故　為火所逼　共相殘害　飲血噉肉
野干之屬　並已前死　諸大惡獸　競來食噉
臭烟熢㶿　四面充塞　蜈蚣蚰蜒　毒蛇之類

又諸餓鬼　頭上火燃　飢渴熱惱　周章悶走
其宅如是　甚可怖畏　毒害火災　衆難非一
是時宅主　在門外立　聞有人言　汝諸子等
先因遊戲　來入此宅　稚小无知　歡娛樂著
長者聞已　驚入火宅　方宜救濟　令无燒害
告喻諸子　說衆患難　惡鬼毒虫　災火蔓莚
衆苦次第　相續不絕　毒蛇蚖蝮　及諸夜叉
鳩槃荼鬼　野干狐狗　鵰鷲鵄梟　百足之屬
飢渴惱急　甚可怖畏　此苦難處　況復大火
諸子无知　雖聞父誨　猶故樂著　嬉戲不已
是時長者　而作是念　諸子如此　益我愁惱
今此舍宅　无一可樂　而諸子等　耽湎嬉戲
不受我教　將為火害　即便思惟　設諸方便
告諸子等　我有種種　珍玩之具　妙寶好車
羊車鹿車　大牛之車　今在門外　汝等出來

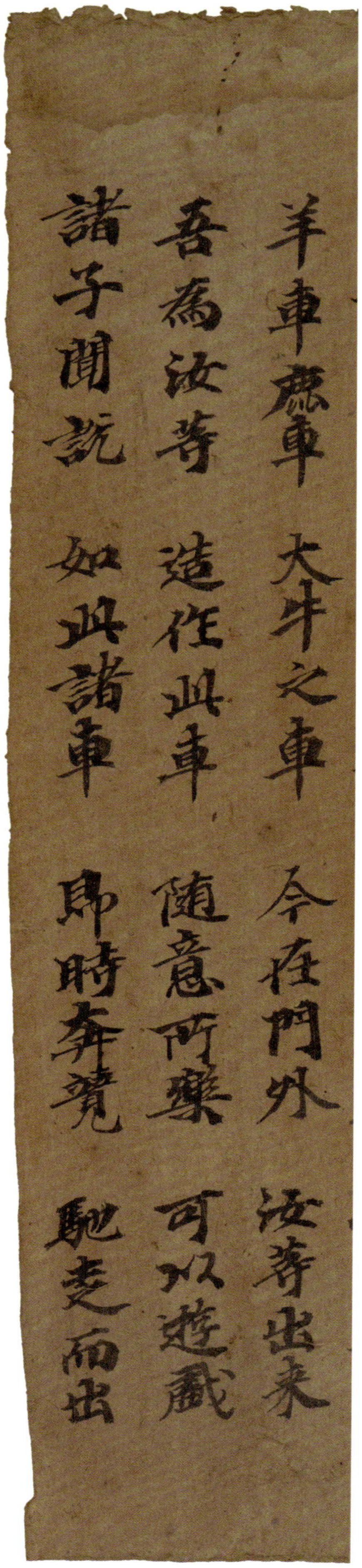

羊車鹿車　大牛之車　今在門外　汝等出來
吾為汝等　造作此車　隨意所樂　可以遊戲
諸子聞說　如此諸車　即時奔競　馳走而出

BD01127 金剛般若波羅蜜經

（後秦）鳩摩羅什 譯

511.1cm×26cm

菩提菩薩應如是布施不住於相何以故若
菩薩不住相布施其福德不可思量須菩提
於意云何東方虛空可思量不不也世尊須
菩提南西北方四維上下虛空可思不不也世
尊須菩提菩薩无住相布施福德亦復如
是不可思量須菩提菩薩但應如所教住
須菩提於意云何可以身相見如來不不也
世尊不可以身相得見如來何以故如來所
說身相即非身相佛告須菩提凡所有相皆
是虛妄若見諸相非相則見如來
須菩提白佛言世尊頗有衆生得聞如是言
說章句生實信不佛告須菩提莫作是說

三四五佛而種善根已於無量千万佛所種
諸善根聞是章句乃至一念生淨信者須
菩提如来悉知悉見是諸衆生得如是无量
福德何以故是諸衆生无復我相人相衆生
相壽者相无法相亦无非法相何以故是諸衆
生若心取相則為著我人衆生壽者若取法
相即著我人衆生壽者何以故若取非法相
即著我人衆生壽者是故不應取法不應取
非法以是義故如来常說汝等比丘知我說
法如筏喻者法尚應捨何况非法
須菩提於意云何如来得阿耨多羅三藐三菩
提耶如来有所說法耶須菩提言如我解佛
所說義无有定法名阿耨多羅三藐三菩提

BD01127　金剛般若波羅蜜經

所說義无有定法名阿耨多羅三藐三菩提
亦无有定法如來可說何以故如來所說法
皆不可取不可說非法非非法所以者何一切
賢聖皆以无為法而有差別
須菩提於意云何若人滿三千大千世界七
寶以用布施是人所得福德寧為多不須菩
提言甚多世尊何以故是福德即非福德性是
故如來說福德多若復有人於此經中受持
乃至四句偈等為他人說其福勝彼何以故
須菩提一切諸佛及諸佛阿耨多羅三藐三
菩提法皆從此經出須菩提所謂佛法者
即非佛法
須菩提於意云何須陁洹能作是念我得須

洹[illegible]
名須陀洹須菩提於意云何斯陀含能作是
念我得斯陀含果不須菩提言不也世尊何
以故斯陀含名一往來而實无往來是名斯
陀含須菩提於意云何阿那含能作是念我
得阿那含果不須菩提言不也世尊何以故
阿那含名為不來而實无來是故名阿那含
須菩提於意云何阿羅漢能作是念我得阿
羅漢道不須菩提言不也世尊何以故實无
有法名阿羅漢世尊若阿羅漢作是念我得
阿羅漢道即為著我人衆生壽者世尊佛說
我得无諍三昧人中最為第一是第一離欲
阿羅漢我不作是念我是離欲阿羅漢世尊
我若作是念我得阿羅漢道世尊則不說

我若作是念我得阿羅漢道世尊則不說
須菩提樂是阿蘭那行者以須菩提實无
所行而名須菩提是樂阿蘭那行
佛告須菩提於意云何如來昔在然燈佛所
於法有所得不世尊如來在然燈佛所於法
實无所得須菩提於意云何菩薩莊嚴佛土
不不也世尊何以故莊嚴佛土者則非莊嚴是
名莊嚴是故須菩提諸菩薩摩訶薩應如是
生清淨心不應住色生心不應住聲香味觸
法生心應无所住而生其心須菩提譬如有
人身如須弥山王於意云何是身為大不須
菩提言甚大世尊何以故佛說非身是名
大身

於意云何是諸恒河沙寧為多不須菩提言
甚多世尊但諸恒河尚多无數何況其沙須
菩提我今實言告汝若有善男子善女人以
七寶滿尒所恒河沙數三千大千世界以用
布施得福多不須菩提言甚多世尊佛告
須菩提若善男子善女人於此經中乃至受
持四句偈等為他人說而此福德勝前福德
復次須菩提隨說是經乃至四句偈等當知
此處一切世間天人阿修羅皆應供養如佛塔
廟何況有人盡能受持讀誦須菩提當知
是人成就最上第一希有之法若是經典所在
之處則為有佛若尊重弟子
尒時須菩提白佛言世尊當何名此經我等
云何奉持佛告須菩提是經名為金剛般

尒時須菩提白佛言世尊當何名此經我等
亼何奉持佛告須菩提是經名為金剛般
若波羅蜜以是名字汝當奉持所以者何須
菩提佛說般若波羅蜜則非般若波羅蜜須
菩提於意亼何如来有所說法不須菩提白
佛言世尊如来无所說須菩提於意亼何三
千大千世界所有微塵是為多不須菩提言
甚多世尊須菩提諸微塵如来說非微塵是
名微塵如来說世界非世界是名世界須菩提
於意亼何可以三十二相見如来不不也世尊
何以故如来說三十二相即是非相是名三
十二相須菩提若有善男子善女人以恒
河沙等身命布施若復有人於此經中乃至

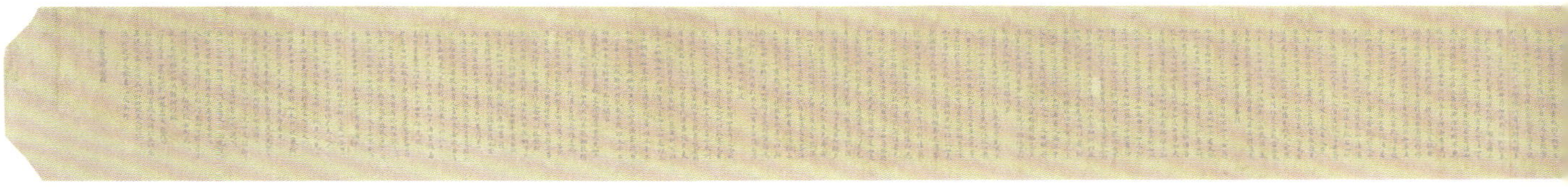

爾時須菩提聞說是經深解義趣涕淚悲泣
而白佛言希有世尊佛說如是甚深經典我從
昔來所得慧眼未曾得聞如是之經世尊若
復有人得聞是經信心清淨則生實相當知
是人成就第一希有功德世尊是實相者則
是非相是故如來說名實相世尊我今得聞
如是經典信解受持不足為難若當來世
後[illegible][illegible]歲其有眾生得聞是經信解受持
是人[illegible]為第一希有何以故此人無我相人相
眾生相壽者相所以者何我相即是非相人
相眾生相壽者相即是非相何以故離一切
諸相則名諸佛
佛告須菩提如是如是若復有人得聞是經
不驚不怖不畏當知是人甚為希有何以故

BD01127　金剛般若波羅蜜經

不驚不怖不畏當知是人甚為希有何以故
須菩提如來說第一波羅蜜非第一波羅
蜜是名第一波羅蜜
須菩提忍辱波羅蜜如來說非忍辱波羅蜜
何以故須菩提如我昔為歌利王割截身體
我於尒時無我相無人相無衆生相無壽者
相何以故我於往昔節節支解時若有我相
人相衆生相壽者相應生瞋恨須菩提又念
過去於五百世作忍辱仙人於尒所世无我相
无人相无衆生相无壽者相是故須菩提菩
薩應離一切相發阿耨多羅三藐三菩提
心不應住色生心不應住聲香味觸法生心
應生无所住心若心有住則為非住是故佛
說菩薩心不應住色布施須菩提菩薩為利

益一切衆生應如是布施如來說一切諸相
即是非相又說一切衆生則非衆生須菩提
如來是真語者實語者如語者不誑語者不
異語者須菩提如來所得法此法无實无虛
須菩提若菩薩心住於法而行布施如人入
闇則无所見若菩薩心不住法而行布施如
人有目日光明照見種種色須菩提當來之
世若有善男子善女人能於此經受持讀誦
則為如來以佛智慧悉知是人悉見是人皆
得成就无量无邊功德
須菩提若有善男子善女人初日分以恒河
沙等身布施中日分復以恒河沙等身布
施後日分亦以恒河沙等身布施如是无量
百千万億劫以身布施若復有人聞此經典信

BD01127　金剛般若波羅蜜經

施後日分亦以恒河沙等身布施如是无量
百千万億劫以身布施若復有人聞此經典信
心不逆其福勝彼何況書寫受持讀誦爲
人解說須菩提以要言之是經有不可思
議不可稱量无邊功德如來爲發大乘者
說爲發最上乘者說若有人能受持讀誦
廣爲人說如來悉知是人悉見是人皆得成
就不可量不可稱无有邊不可思議功德如是
人等則爲荷擔如來阿耨多羅三藐三菩
提何以故須菩提若樂小法者著我見人見
衆生見壽者則於此經不能聽受讀誦爲人
解說須菩提在在處處若有此經一切世間
天人阿脩羅所應供養當知此處則爲是塔

[illegible]
若為人輕賤是人先世罪業應墮惡道以今世
人輕賤故先世罪業則為消滅當得阿耨多
羅三藐三菩提須菩提我念過去无量阿僧
祇劫於然燈佛前得值八百四千万億那由
他諸佛悉皆供養承事无空過者若復有
人於後末世能受持讀誦此經所得功德於
我所供養諸佛功德百分不及一千万億分
乃至筭數譬喻所不能及須菩提若善男
子善女人於後末世有受持讀誦此經所得
功德我若具說者或有人聞心則狂亂狐疑
不信須菩提當知是經義不可思議果報亦
不可思議
尒時須菩提白佛言世尊善男子善女人發

BD01127　金剛般若波羅蜜經

尒時須菩提白佛言世尊善男子善女人發
阿耨多羅三藐三菩提心云何應住云何降
伏其心佛告須菩提善男子善女人發阿耨
多羅三藐三菩提者當生如是心我應滅度
一切衆生滅度一切衆生已而无有一衆生
實滅度者何以故若菩薩有我相人相衆生
相壽者相則非菩薩所以者何須菩提實
无有法發阿耨多羅三藐三菩提者須菩提
於意云何如來於然燈佛所有法得阿耨多
羅三藐三菩提不不也世尊如我解佛所說義
佛於然燈佛所无有法得阿耨多羅三藐三
菩提佛言如是如是須菩提實无有法如來
得阿耨多羅三藐三菩提須菩提若有法如
來得阿耨多羅三藐三菩提者然燈佛則不與

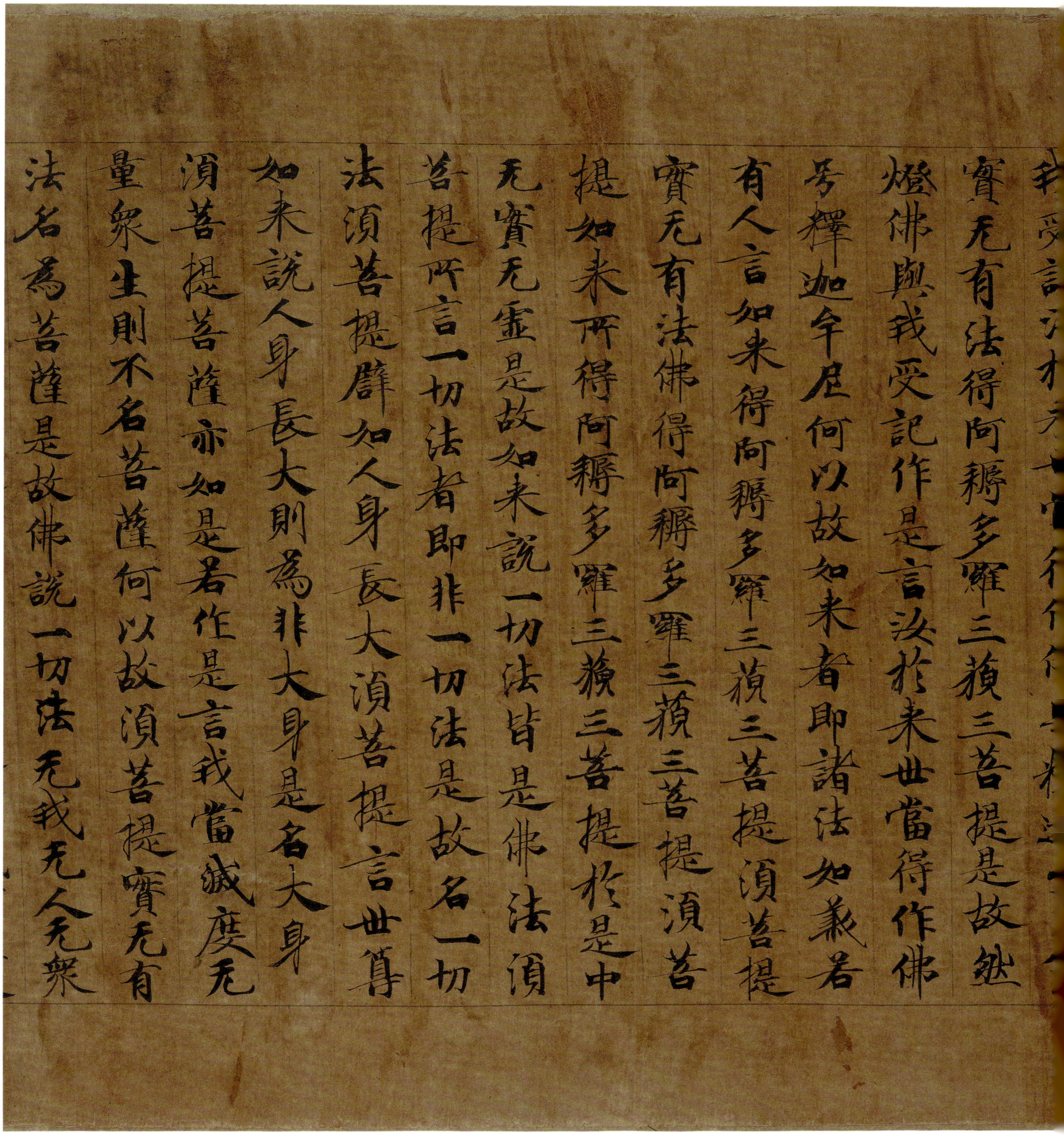

我受記汝於來世當得作佛号釋迦牟尼
實无有法得阿耨多羅三藐三菩提是故然
燈佛與我受記作是言汝於來世當得作佛
号釋迦牟尼何以故如來者即諸法如義若
有人言如來得阿耨多羅三藐三菩提須菩提
實无有法佛得阿耨多羅三藐三菩提須菩
提如來所得阿耨多羅三藐三菩提於是中
无實无虛是故如來說一切法皆是佛法須
菩提所言一切法者即非一切法是故名一切
法須菩提譬如人身長大須菩提言世尊
如來說人身長大則為非大身是名大身
須菩提菩薩亦如是若作是言我當滅度无
量衆生則不名菩薩何以故須菩提實无有
法名為菩薩是故佛說一切法无我无人无衆

BD01127　金剛般若波羅蜜經

法名爲菩薩是故佛説一切法无我无人无衆
生无壽者須菩提若菩薩作是言我當莊嚴
佛土是不名菩薩何以故如来説莊嚴佛土
者即非莊嚴是名莊嚴須菩提若菩薩通達
無我法者如来説名真是菩薩
須菩提於意云何如来有肉眼不如是世尊
如来有肉眼須菩提於意云何如来有天眼
不如是世尊如来有天眼須菩提於意云何
如来有慧眼不如是世尊如来有慧眼須菩
提於意云何如来有法眼不如是世尊如来
有法眼須菩提於意云何如来有佛眼不如
是世尊如来有佛眼須菩提於意云何如恒
河中所有沙佛説是沙不如是世尊如来説
是沙須菩提於意云何如一恒河中所有沙

如是寧為多不甚多世尊佛告須菩提尒所
國土中所有衆生若干種心如來悉知何以故
如來說諸心皆為非心是名為心所以者何
須菩提過去心不可得現在心不可得未來
心不可得須菩提於意云何若有人滿三千
大千世界七寳以用布施是人以是因緣得
福多不如是世尊此人以是因緣得福甚多
須菩提若福德有實如來不說得福德多以
福德无故如來說得福德多
須菩提於意云何佛可以具足色身見不不
也世尊如來不應以具足色身見何以故如來
說具足色身即非具足色身是名具足色身
須菩提於意云何如來可以具足諸相見不不

BD01127　金剛般若波羅蜜經

須菩提於意云何如來可以具足諸相見不不
也世尊如來不應以具足諸相見何以故如來
說諸相具足即非具足是名諸相具足須菩
提汝勿謂如來作是念我當有所說法莫
作是念何以故若人言如來有所說法即為
謗佛不能解我所說故須菩提說法者无
法可說是名說法須菩提白佛言世尊佛得
阿耨多羅三藐三菩提為无所得耶如是如是
須菩提我於阿耨多羅三藐三菩提乃至无
有少法可得是名阿耨多羅三藐三菩提復
次須菩提是法平等无有高下是名阿耨多
羅三藐三菩提以无我无人无衆生无壽者
脩一切善法則得阿耨多羅三藐三菩提須

須菩提若三千大千世界中所有諸須彌山
王如是等七寶聚有人持用布施若人以此
般若波羅蜜經乃至四句偈等受持讀誦為
他人說於前福德百分不及一百千万億分乃
至筭數譬喻所不能及
須菩提於意云何汝等勿謂如來作是念我
當度衆生須菩提莫作是念何以故實无有
衆生如來度者若有衆生如來度者如來則
有我人衆生壽者須菩提如來說有我者則
非有我而凡夫之人以為有我須菩提凡夫
者如來說則非凡夫須菩提於意云何可以
三十二相觀如來不須菩提言如是如是以三
十二相觀如來佛言須菩提若以三十二
相觀如來者轉輪聖王則是如來須菩提白

相觀如來者轉輪聖王則是如來須菩提白
佛言世尊如我解佛所說義不應以三十二
相觀如來尒時世尊而說偈言
若以色見我 以音聲求我 是人行耶道 不能見如來
須菩提汝若作是念如來不以具足相故得
阿耨多羅三藐三菩提須菩提莫作是念
來不以具足相故得阿耨多羅三藐三菩提
須菩提汝若作是念發阿耨多羅三藐三菩
提者說諸法斷滅莫作是念何以故發阿
多羅三藐三菩提者於法不說斷滅相須菩
提若菩薩以滿恒河沙等世界七寶布施
復有人知一切法無我得成於忍此菩薩
前菩薩所得功德須菩提以諸菩薩不受
德故須菩提白佛言世尊云何菩薩不受

德須菩提菩薩所作福德不應貪著是故說
不受福德須菩提若有人言如來若來若去
若坐若卧是人不解我所說義何以故如
者无所從來亦无所去故名如來須菩提若
善男子善女人以三千大千世界碎為微
於意云何是微塵衆寧為多不甚多世尊
何以故若是微塵衆實有者佛則不說是
塵衆所以者何佛說微塵衆則非微塵衆是
名微塵衆世尊如來所說三千大千世界則非
世界是名世界何以故若世界實有者則
合相如來說一合相則非一合相是名一合相
菩提一合相者則是不可說但凡夫之人貪
著其事須菩提若人言佛說我見人見衆
生見壽者見須菩提於意云何是人

BD01127　金剛般若波羅蜜經

生見壽者見須菩提於意云何是人
所說義不世尊是人不解如來所說義何
故世尊說我見人見衆生見壽者見
見人見衆生見壽者見是名我見人見衆
見壽者見須菩提發阿耨多羅三藐三
心者於一切法應如是知如是見如是信解
生法相須菩提所言法相者如來說即
法相是名法相須菩提若有人以滿无量阿
僧祇世界七寶持用布施若有善男子
人發菩薩心者持於此經乃至四句偈等受
持讀誦為人演說其福勝彼云何為人
說不取於相如如不動何以故
一切有為法 如夢幻泡影 如露亦如電 應作如
佛說是經已長老須菩提及諸比丘比丘尼

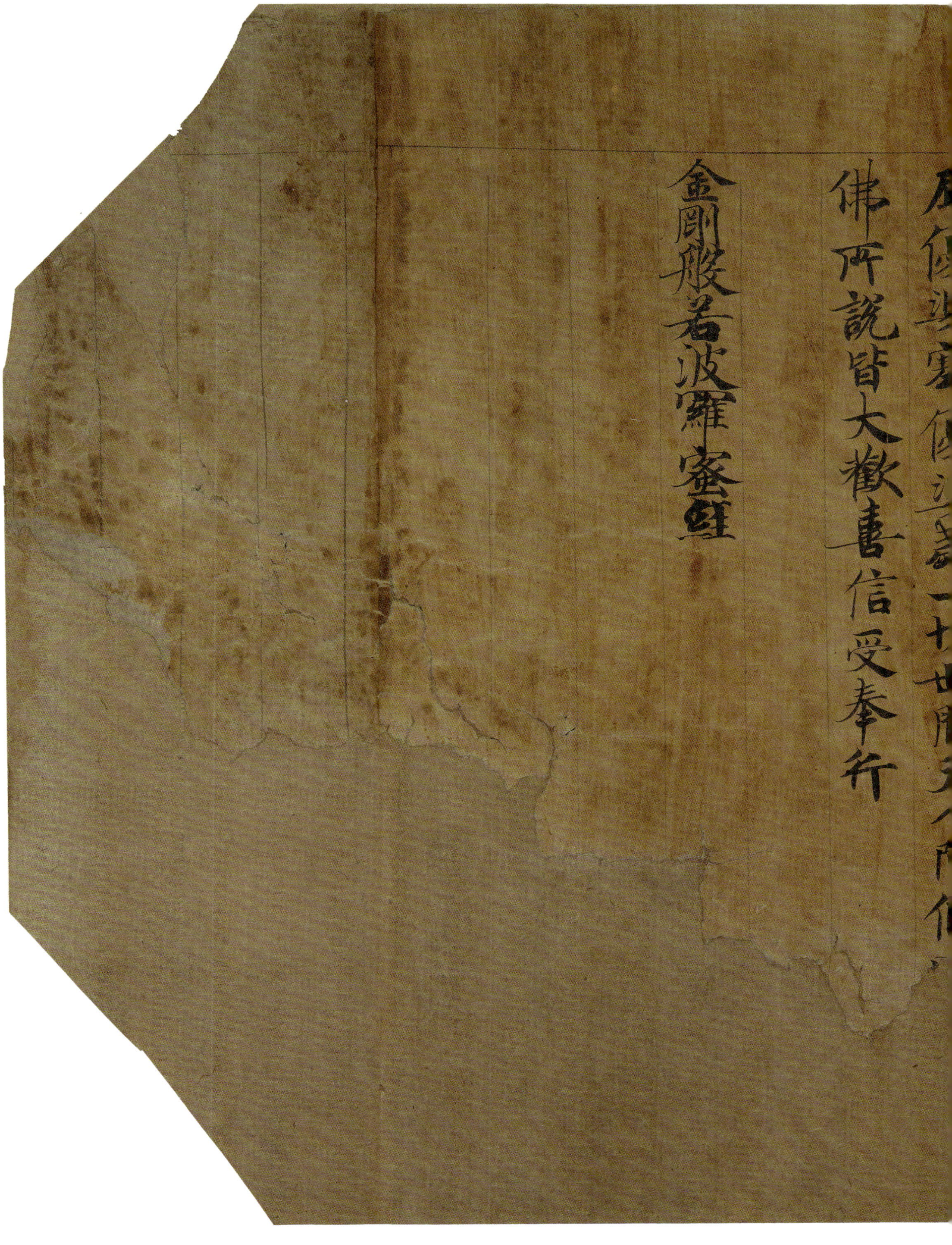

尼優婆塞優婆夷一切世間天人阿修

佛所說皆大歡喜信受奉行

金剛般若波羅蜜經

BD01127　金剛般若波羅蜜經

BD01128 四分比丘尼戒本

（後秦）佛陀耶舍 譯

（唐）懷素 集

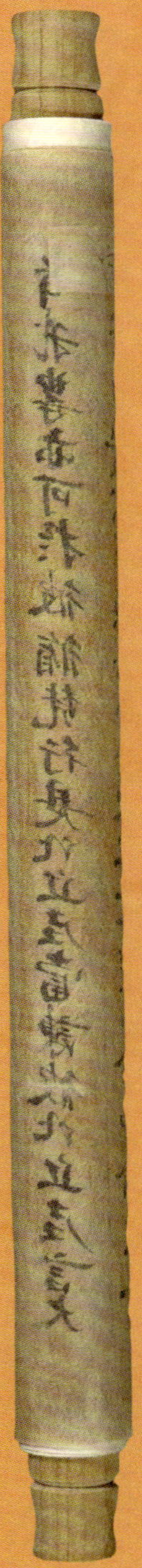

36cm × 26.8cm

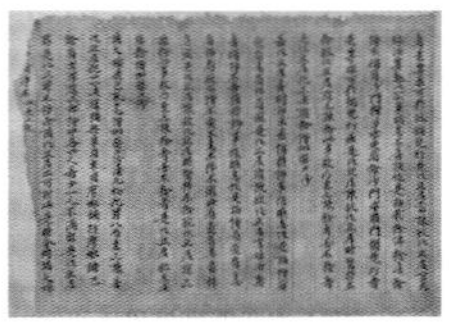

者我等亦可於彼脩梵行是比丘尼當諫彼比丘尼言大
姊汝莫趣以一小事瞋恚不喜便作是語我捨佛捨法捨
僧不獨有沙門釋子亦更有餘沙門婆羅門脩梵行者
我等亦可於彼脩梵行若是比丘尼諫彼比丘尼時堅持不
捨彼比丘尼應三諫捨此事故乃至三諫捨者善不捨者
是比丘尼犯二法應捨僧伽婆尸沙
若比丘尼喜鬪諍不善憶持諍事後瞋恚作是語僧有
愛有恚有怖有癡是比丘尼應諫彼比丘尼言妹汝莫
喜鬪諍不善憶持諍事後瞋恚作是語僧有愛有恚
有怖有癡而僧不愛不恚不怖不癡汝有愛有恚有怖
有癡是比丘尼諫彼比丘尼時堅持不捨彼比丘尼應三

諫捨此事故乃至三諫捨者善不捨者是比丘尼犯三法
應捨僧伽婆尸沙
諸大姉我已說十七僧伽婆尸沙法九初犯罪八乃至三諫若
比丘尼犯一一法應强與半月半月摩那埵行摩那埵已
餘有出罪應二部僧中各廿人若少一人不滿出是比丘尼
罪是比丘尼罪不得除諸比丘尼亦可訶此是時今問諸大姉
是中清淨不 如是三說

BD01129 大般若波羅蜜多經卷二四七

（唐）玄奘 譯

201.8cm × 25.7cm

切智智清淨若真如清淨若布施波羅蜜多
清淨無二無二分無别無斷故一切智智清
淨故法界法性不虚妄性不變異性平等
性離生性法定法住實際虚空界不思議界
清淨法界乃至不思議界清淨故布施波羅蜜
多清淨何以故若一切智智清淨若法界乃至
不思議界清淨若布施波羅蜜多清淨無二
無二分無别無斷故善現一切智智清淨故
苦聖諦清淨苦聖諦清淨故布施波羅蜜
多清淨何以故若一切智智清淨若苦聖諦清
淨若布施波羅蜜多清淨無二無二分無别
無斷故一切智智清淨故集滅道聖諦清淨
集滅道聖諦清淨故布施波羅蜜多清淨何

若布施波羅蜜多清淨無二無二分無別無
斷故善現一切智智清淨故四靜慮清淨四
靜慮清淨故布施波羅蜜多清淨何以故若
一切智智清淨若四靜慮清淨若布施波羅
蜜多清淨無二無二分無別無斷故一切智
智清淨故四無量四無色定清淨四無量四無
色定清淨故布施波羅蜜多清淨何以故
若一切智智清淨若四無量四無色定清淨
若布施波羅蜜多清淨無二無二分無別無
斷故善現一切智智清淨故八解脫清淨八
解脫清淨故布施波羅蜜多清淨何以故若
一切智智清淨若八解脫清淨若布施波羅
蜜多清淨無二無二分無別無斷故一切智
智清淨故八勝處九次第定十遍處清淨八

智清淨故八勝處九次第定十遍處清淨八
勝處九次第定十遍處清淨故布施波羅蜜
多清淨何以故若一切智智清淨若八勝處
九次第定十遍處清淨若布施波羅蜜多清
淨無二無二分無別無斷故善現一切智智清
淨故四念住清淨四念住清淨故布施波
羅蜜多清淨何以故若一切智智清淨若四
念住清淨若布施波羅蜜多清淨無二無二
分無別無斷故一切智智清淨故四正斷四
神足五根五力七等覺支八聖道支清淨四
正斷乃至八聖道支清淨故布施波羅蜜多
清淨何以故若一切智智清淨若四正斷乃
至八聖道支清淨若布施波羅蜜多清淨無
二無二分無別無斷故一切智智清淨

故空解脫門清淨空解脫門清淨故布施波
羅蜜多清淨何以故若一切智智清淨若空
解脫門清淨若布施波羅蜜多清淨無二無
二分無別無斷故一切智智清淨故無相無
願解脫門清淨無相無願解脫門清淨故
布施波羅蜜多清淨何以故若一切智智清淨
若無相無願解脫門清淨若布施波羅蜜多
清淨無二無二分無別無斷故善現一切智
智清淨故菩薩十地清淨菩薩十地清淨故
布施波羅蜜多清淨何以故若一切智智清
淨若菩薩十地清淨若布施波羅蜜多清淨
無二無二分無別無斷故
善現一切智智清淨故五眼清淨五眼清淨
故布施波羅蜜多清淨何以故若一切智智
清淨若五眼清淨若布施波羅蜜多清淨無

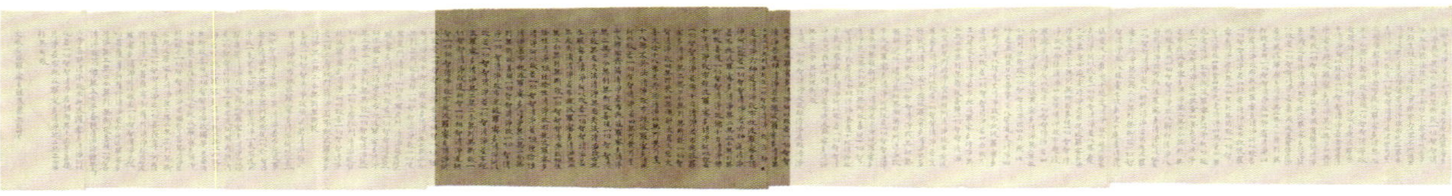

故布施波羅蜜多清淨何以故若一切智智
清淨若五眼清淨若布施波羅蜜多清淨無
二無二分無別無斷故一切智智清淨故六神
通清淨六神通清淨故布施波羅蜜多清
淨何以故若一切智智清淨若六神通清淨
若布施波羅蜜多清淨無二無二分無別無
斷故善現一切智智清淨故佛十力清淨佛
十力清淨故布施波羅蜜多清淨何以故若
一切智智清淨若佛十力清淨若布施波羅
蜜多清淨無二無二分無別無斷故一切智
智清淨故四無所畏四無礙解大慈大悲大
喜大捨十八佛不共法清淨四無所畏乃至
十八佛不共法清淨故布施波羅蜜多清淨
何以故若一切智智清淨若四無所畏乃至

無二無二分無別無斷故善現一切智智清
淨故無忘失法清淨無忘失法清淨故布施
波羅蜜多清淨何以故若一切智智清淨若
無忘失法清淨若布施波羅蜜多清淨無二
無二分無別無斷故一切智智清淨故恒住
捨性清淨恒住捨性清淨故布施波羅蜜多
清淨何以故若一切智智清淨若恒住捨性
清淨若布施波羅蜜多清淨無二無二分無
別無斷故善現一切智智清淨故一切智清
淨一切智清淨故布施波羅蜜多清淨何以
故若一切智智清淨若一切智清淨若布施
波羅蜜多清淨無二無二分無別無斷故一
切智智清淨故道相智一切相智清淨道相
智一切相智清淨故布施波羅蜜多清淨何
以故若一切智智清淨若道相智一切

切智智清淨故道相智一切相智清淨道相
智一切相智清淨故布施波羅蜜多清淨何
以故若一切智智清淨若道相智一切相
智清淨若布施波羅蜜多清淨無二無二分
無別無斷故善現一切智智清淨故一切陁
羅尼門清淨一切陁羅尼門清淨故布施波
羅蜜多清淨何以故若一切智智清淨若一
切陁羅尼門清淨若布施波羅蜜多清淨
無二無二分無別無斷故一切智智清淨故一
切三摩地門清淨一切三摩地門清淨故布
施波羅蜜多清淨何以故若一切智智清淨
若一切三摩地門清淨若布施波羅蜜多
清淨無二無二分無別無斷故
善現一切智智清淨故預流果清淨預流
果清淨故布施波羅蜜多清淨何以故若一

切智智清淨若預流果清淨若布施波羅
蜜多清淨無二無二分無別無斷故一切智智清
淨故一來不還阿羅漢果清淨一來不還阿
羅漢果清淨故布施波羅蜜多清淨何以故
若一切智智清淨若一來不還阿羅漢果清
淨若布施波羅蜜多清淨無二無二分無別
無斷故善現一切智智清淨故獨覺菩提清
淨獨覺菩提清淨故布施波羅蜜多清淨
何以故若一切智智清淨若獨覺菩提清淨若
布施波羅蜜多清淨無二無二無無別無斷
故善現一切智智清淨故一切菩薩摩訶薩
行清淨一切菩薩摩訶薩行清淨故布施波
羅蜜多清淨何以故若一切智智清淨若一
切菩薩摩訶薩行清淨若布施波羅蜜多
清淨無二無二分無別無斷故善現一切智智

清淨無二無二分無別無斷故善現一切智智
清淨故諸佛無上正等菩提清淨諸佛無上
正等菩提清淨故布施波羅蜜多清淨何以
故若一切智智清淨若諸佛無上正等菩提
清淨若布施波羅蜜多清淨無二無二分無
別無斷故

大般若波羅蜜多經卷第二百卌七

BD01130　四分比丘尼戒本

（後秦）佛陀耶舍 譯

（唐）懷素 集

39cm × 27cm

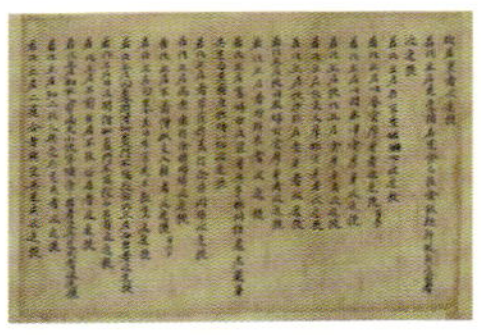

破若裹者波逸提
若比丘尼先受請若足食已後食飯麨乾飯魚及肉者
波逸提
若比丘尼於家生嫉妬心波逸提
若比丘尼以香塗摩身者波逸提 百五十
若比丘尼以胡麻滓塗摩身波逸提
若比丘尼使比丘尼塗摩身者波逸提
若比丘尼使式叉摩那塗身者波逸提
若比丘尼使沙弥尼塗身者波逸提
若比丘尼使白衣婦女塗摩身者波逸提
若比丘尼着貯跨衣者波逸提
若比丘尼畜婦女莊嚴身具手脚釧環處莊嚴身
[illegible]

若比丘尼病乘乘行除時因緣波逸提

若比丘尼不著僧祇支入村者波逸提 百六十

若比丘尼向暮至白衣家先不被喚波逸提

若比丘尼向暮開僧伽藍門不囑授餘比丘尼而出者波逸提

若比丘尼日沒開僧伽藍門不囑授而出者波逸提

若比丘尼不前安居不後安居者波逸提

若比丘尼知女人常漏大小便涕唾常出者受具足戒者波逸提

若比丘尼知二形人與受具足戒者波逸提

若比丘尼二道合者與受具足戒波逸提

BD01131 大般涅槃經卷五

（北涼）曇無讖 譯

1121.7cm × 26.7cm

上法故善男子譬如長者多有財寶唯有一
子心甚愛重情无捨離所有珍寶悉用示之
如來亦尒視諸衆生同於一子善男子如世
間人以男女根醜陋鄙惡以衣覆弊故名爲
藏如來不尒永斷此根以无根故无所覆藏
善男子如婆羅門所有語論終不欲令刹利
毗舍首陁等聞何以故以此論中有過惡故
如來正法則不如是初中後善是故不得名
之秘藏善男子譬如長者唯有一子心常憶
念憐愛无已將詣師所欲令受學懼不[illegible]
尋便將還以愛念故晝夜慇懃教其半字而
不教誨毗伽羅那論何以故以其幼稚力未堪
故善男子假使長者教半字已是兒即時能
[illegible]

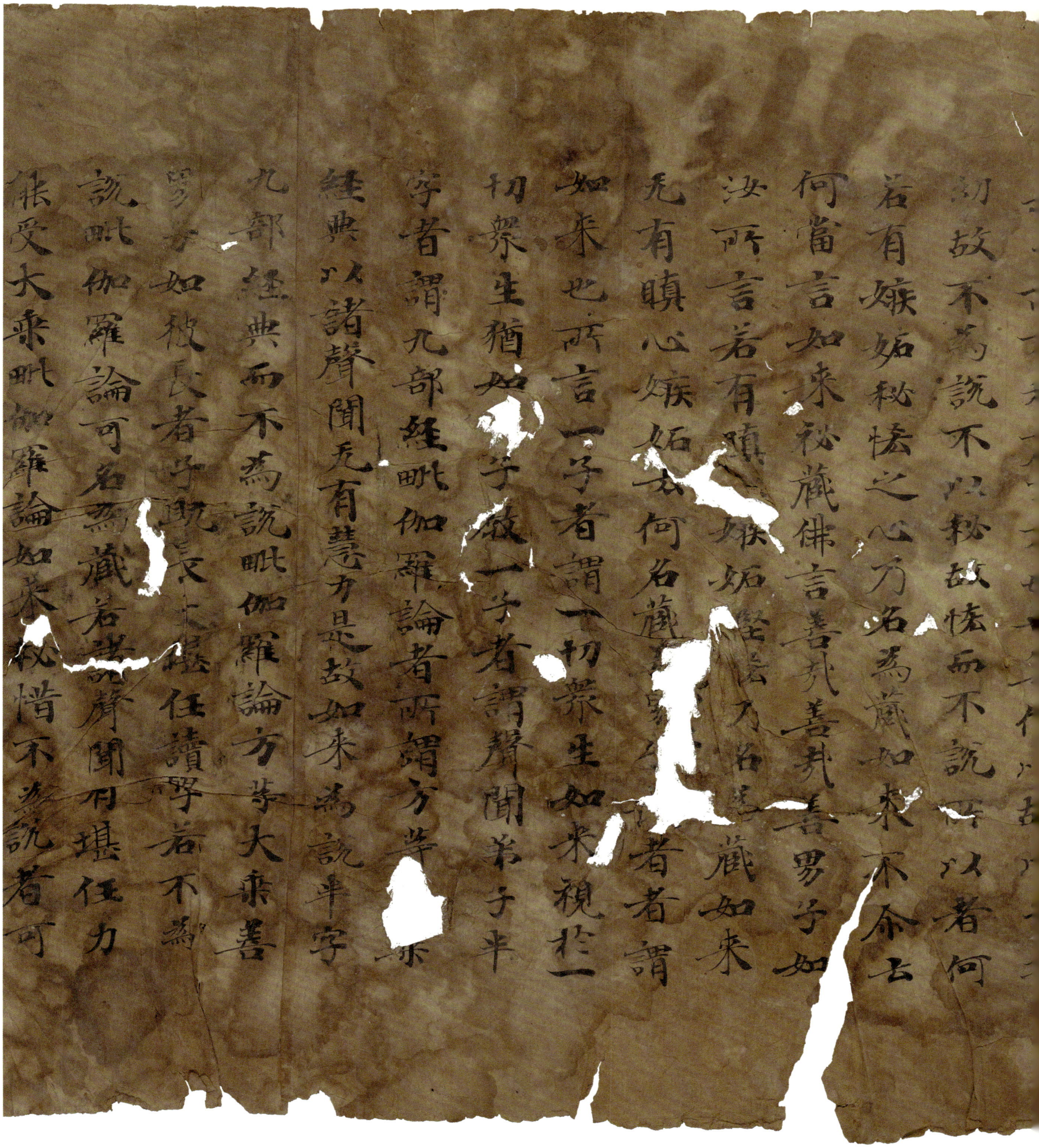

切故不為說不以秘故恡而不說所以者何
若有嫉妬秘恡之心乃名為藏如來不尒云
何當言如來秘藏佛言善哉善哉善男子如
汝所言若有瞋[illegible]嫉妬慳恡乃名為藏如來
无有瞋心嫉妬云何名藏[illegible]者者謂
如來也所言一子者謂一切衆生如來視於一
切衆生猶如一子故一子者謂聲聞弟子半
字者謂九部經毗伽羅論者所謂方等[illegible]乘
經典以諸聲聞无有慧力是故如來為說半字
九部經典而不為說毗伽羅論方等大乘善
男子如彼長者子既長大堪任讀學若不為
說毗伽羅論可名為藏若諸聲聞有堪任力
能受大乘毗伽羅論如來秘惜不為說者可

能受大乘毗伽羅論如來秘惜不為說者可
言如來有秘密藏如來不尒是故如來无有
秘藏如彼長者教半字已次為演說毗伽羅
論我今亦尒為諸弟子說於半字九部經已
次為演說毗伽羅論所謂如來常存不變復
次善男子譬如夏月興大雲雷降注大雨令
諸農夫下種之者多獲果實不下種者无所
剋獲无所獲者非龍王咎而此龍王亦无所
藏我今如來亦復如是降大法雨大涅槃經
若諸衆生種善子者得慧牙菓无善子者
則无所獲无所獲者非如來咎然佛如來實
无所藏迦葉復言我今定知如來世尊无所
秘藏如佛所說毗伽羅論謂佛如來常存不

今者乃說常存无變是義云何佛言善男子
我為一切聲聞弟子教半字故而說是偈善
男子波斯匿王其母命終悲號戀慕不能自
勝來至我所我即問言大王何以悲苦懊惱
乃至於此王言世尊國大夫人是日命終假
使有能令我母命還如本者我當捨國象馬
七珎及以身命悉以賞之我復語言大王且
莫愁惱憂悲涕哭一切衆生壽命盡者名之
為死諸佛緣覺聲聞弟子尚捨此身況復凡
夫善男子我為彼王教半字故而說是偈我
今為諸聲聞弟子說毗伽羅論謂如來常存
无有變易若有人言如來无常云何是人舌
不墮落迦葉復言如佛所說

无有變易若有人言如來无常云何是人舌
不墮落迦葉復言如佛所說
无所積聚　於食知足　如鳥飛空　跡不可尋
是義云何世尊於此衆中誰得名為无所積
聚誰復得名於食知足誰行於空跡不可尋
而此去者為至何方佛言迦葉夫積聚者名
曰財寶善男子積聚有二種一者有為二者
无為有為積聚者即聲聞行无為積聚者即
如來行善男子僧亦有二種有為无為有為
僧者名曰聲聞聲聞僧者无有積聚所謂奴
婢非法之物庫藏穀米鹽豉胡麻大小諸豆
若有說言如來聽畜奴婢僕使如是之物舌
則卷縮我諸所有聲聞弟子名无積聚亦得

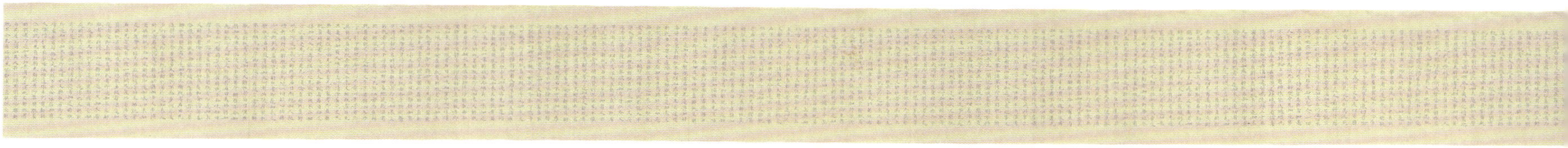

[illegible]
我說是人雖去无至迦葉復言若有為僧尚
无積聚況无為僧无為僧者即是如來如來
云何當有積聚夫積聚者名為藏匿是故如
來凡有所說无所悋惜云何名藏跡不可尋
者所謂涅槃涅槃之中无有日月星辰諸宿
寒熱風雨生老病死二十五有離諸憂苦及
諸煩惱如是涅槃如來住處常不變易以是
因緣如來至是娑羅樹間於大涅槃而般涅
槃佛告迦葉所言大者其性廣博猶如有人
壽命无量名大丈夫是人若能安住正法名
人中勝如我所說八大人覺為一人有為多
人有若一人具八則為最勝所言涅槃者无
諸創疣善男子譬如有人為毒箭所射多受

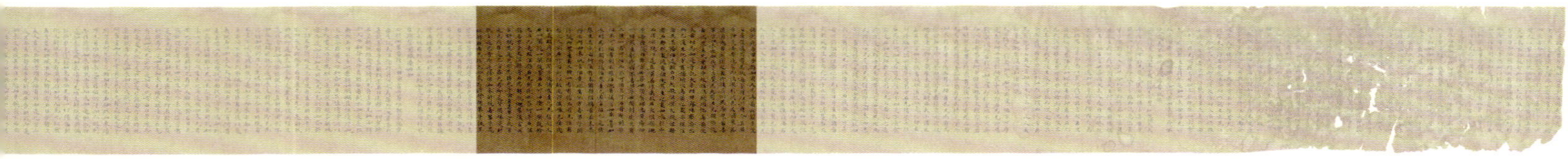

諸創疣善男子辟如有人為毒箭所射多受
苦痛值遇良醫為拔毒箭傅以妙藥令其離
苦得受安樂是醫即便遊於城邑及諸聚落
隨有患苦創疣之處即往其所為療衆苦善
男子如來亦尒成等正覺為大醫王見閻浮提
苦惱衆生无量劫中被婬怒癡煩惱毒箭受
大苦切為如是等說大乘經甘露法藥療治
此已復至他方有諸煩惱毒箭之處示現作
佛為其療治是故名曰大般涅槃大般涅槃
者名解脫處隨有調伏衆生之處如來於中
而作示現以是真實甚深義故名大涅槃迦
葉菩薩復白佛言世尊世間醫師悉能療治
一切衆生創疣病不善男子世間創疣凡有

治不可治者則不能治迦葉復言如佛言者如
來則為於閻浮提治衆生已若言治已是諸
衆生其中云何復有未能得涅槃者若未悉
得云何如來說言治竟欲至他方善男子閻
浮提內衆生有二種一者有信二者无信有
信之人則名可治何以故定得涅槃无瘡疣
故是故我說治閻浮提諸衆生已无信之人
名一闡提一闡提者名不可治除一闡提餘
悉治已是故涅槃名无創疣世尊何等名涅
槃善男子夫涅槃者名為解脫迦葉復言所
言解脫為是色耶為非色乎佛言善男子或有
是色或非是色言非色者即是聲聞緣覺解
脫言是色者即是諸佛如來解脫善男子是
故解脫亦色非色如來為諸聲聞弟子說為

脱言是色者即是諸佛如来解脱善男子是
故解脱亦色非色如来為諸聲聞弟子説為
非色世尊聲聞緣覺若非色者云何得住善
男子如非想非非想天亦色非色我亦説為
非色若人難言非想非非想天若非色者云
何得住去来進止如是之義諸佛境界非諸
聲聞緣覺所知解脱亦尒亦色非色説為非
色亦想非想説為非想如是之義諸佛境界
非諸聲聞緣覺所知
尒時迦葉菩薩復白佛言世尊唯願哀愍重
垂廣説大涅槃行解脱之義佛讃迦葉善哉
善哉善男子真解脱者名曰遠離一切繫縛
若真解脱離諸繫縛則无有生亦无和合譬
如父母和合生子真解脱者則不如是是故

來亦尒非因父母和合而生其性清淨所以
示現有父母者為欲化度諸衆生故真解脫
者即是如來如來解脫无二无別譬如春耕
下諸豆子得暖氣已尋便出生真解脫者則
不如是又解脫者名曰虛无虛无即是解脫
解脫即是如來如來即是虛无非作所作凡
是作者猶如城郭樓觀却敵真解脫者則不
如是是故解脫即是如來又解脫者即无為
法譬如陶師作已還破解脫不尒真解脫者
不生不滅是故解脫即是如來如來亦尒不
生不滅不老不死不破不壞非有為法以是
義故名曰如來入大涅槃不老不死有何等
義老者名為遷變髮白面皺死者身壞命終

義老者名為遷變髮白面皺死者身壞命終
如是等法解脫中无以无是事故名解脫如
來亦无髮白面皺有為之法是故如來无有
老也无有老故則无有死人解脫者名曰无
病所謂病者四百四病及餘外來侵損身者
是處无故故名解脫无疾病者即真解脫真
解脫者即是如來如來无病是故法身亦无
有病如是无病即是如來死者名曰身壞命
終是處无死即是甘露是甘露者即真解脫
真解脫者即是如來如來成就如是功德云
何當言如來无常若言无常无有是處是金
剛身云何无常是故如來不名命終如來清
淨无有垢穢如來之身非胎所汙如分陁利
性清淨如來解脫亦復如是如是解脫即是如

創疣求无遺餘如来亦尒无有一切諸漏創
疣又解脫者无有鬭諍譬如飢人見他飲食
生貪嗜想解脫不尒又解脫者名曰安靜凡
夫人言夫安靜者謂摩醯首羅如是之言即
是虛妄真安靜者畢竟解脫畢竟解脫即是
如来又解脫者名曰安隱如多賊處不名安
隱清夷之處乃名安隱是解脫中无有怖畏
故名安隱是故安隱即真解脫真解脫者即
是如来如来者即是法也又解脫者无有等
侶有等侶者如有國王有隣國等夫解脫者
則无如是无等侶者謂轉輪聖王无有能与
任齊等者解脫亦尒无有等侶无等侶者即
真解脫真解脫者即是如来轉輪聖王是故如

任辯等者解脫亦尒无有等侶无等侶者即
真解脫真解脫者即是如來轉輪聖王是故如
來无有等侶有等侶者无有是處又解脫者
名无憂愁有憂愁者譬如國王畏難強隣而
生憂愁夫解脫者則无是事譬如壞怨則无
憂慮解脫亦尒是无憂畏无憂畏者即是如
來又解脫者名无憂喜譬如女人正有一子
從役遠行卒得凶問聞之愁苦後復聞活便
生歡喜夫解脫中无如是事无憂喜者即
真解脫真解脫者即是如來又解脫者无有
塵垢譬如春月日沒之後風起塵霧夫解脫中
无如是事无塵霧者喻真解脫真解脫者即
是如來譬如聖王髻中明珠无有垢穢夫解
[illegible]

力名真寶有人得之生於財想夫解脫性亦
復如是如彼真寶彼真寶者喻真解脫真解
脫者即是如來譬如瓦瓶破而聲嘶金剛寶
瓶則不如是夫解脫者亦无嘶破金剛寶瓶
喻真解脫真解脫者即是如來是故如來身
不可壞其聲嘶者如蜱麻子盛熱之時置之
日暴出聲振爆夫解脫者无如是事如彼金
剛真寶之瓶无嘶破聲假使无量百千之人
悉共射之无能壞者无嘶破聲喻真解脫真
解脫者即是如來如貧窮人負他物故為他
所繫枷鏁案罸受諸苦毒夫解脫中无如是
事无有負債喻如長者多有財寶无量億數
勢力自在不負他物夫解脫者亦復如是多

勢力自在不負他物夫解脫者亦復如是多
有无量法財珎寶勢力自在无所負也无所
負者喻真解脫真解脫者即是如来又解脫
者名无逼切如春涉熱夏日食甜冬日冷單
真解脫中无有如是不適意事无逼切者喻
真解脫真解脫者即是如来又无逼切者譬
如有人飽食魚肉而復飲乳是人則為近死
不久真解脫中无如是事是人若得甘露
良藥所患得除真解脫者亦復如是甘露良
藥喻真解脫真解脫者即是如来云何逼切不
逼切也譬如凡人我慢自高而作是念一切
衆中誰能害我即便携持虵虎毒虫當知是
人不盡壽命則為横死真解脫中无如是事
不逼切者如轉輪王[illegible]

消滅真解脫者亦復如是皆悉遠離二十五
有毒消滅者喻真解脫真解脫者即是如來
又不遍切者譬如虛空解脫亦尒彼虛空者
喻真解脫真解脫者即是如來又遍切者如
延乾草然諸燈大延則熾然真解脫中无如
是事又不遍切者譬如日月不遍衆生解脫
亦尒於諸衆生无有遍切无有遍切喻真解
脫真解脫者即是如來又解脫者名无動法
猶如怨親真解脫中无如是事又不動者如
轉輪王更无聖王以為親友若更有親則无
是處解脫亦尒更无有親若有親者亦无是
處彼王无親喻真解脫真解脫者即是如來
如來者即是法也又无動者譬如素衣易受

如來者即是法也又无動者譬如素衣易受
染色解脫不尒又无動者如婆師華欲令
有臭及青色者无有是處解脫亦尒欲令有
臭及諸色者亦无是處是故解脫即是如來
又解脫者名為希有譬如水中生於蓮華非
為希有火中生者是乃希有有人見之便生歡
喜真解脫者亦復如是其有見者心生歡喜
彼希有者喻真解脫真解脫者即是如來具
如來者即是法身又希有者譬如嬰兒其齒未
生漸漸長大然後乃生解脫不尒无有生与
不生又解脫者名曰虛寂无有不定不定者
如一闡提究竟不移犯重禁者不成佛道无
有是處何以故是人若於佛正法中心得淨

則得成佛是故若言畢定不移不成佛道
无有是處真解脫中都无如是滅盡之事又
虛寂者墮於法界如法界性即真解脫真解
脫者即是如來又一闡提若滅盡者則不得
稱一闡提也何等名為一闡提耶一闡提者
斷滅一切諸善根本心不攀緣一切善法乃
至不生一念之善真解脫中都无是事无是
事故即真解脫真解脫者即是如來又解脫
者不可度量譬如粟聚其量可知真解脫者
則不如是譬如大海不可度量解脫亦尒不
可度量不可量者即真解脫真解脫者即是
如來又解脫者名无量法如一衆生多有業
報解脫亦尒有无量報无量報者即真解

郭解脫亦尒有无量郭无量郭者即真解
脫真解脫者即是如来又解脫者名為廣大
辟如大海无与等者解脫亦尒无能与等无
与等者即真解脫真解脫者即是如来又解
脫者名曰最上辟如虛空最高无比解脫亦
尒最高无比高无比者即真解脫真解脫者
即是如来又解脫者名无能過辟如師子所
住之處一切百獸无能過者解脫亦尒无有
能過无能過者即真解脫真解脫者即是如
来又解脫者名為无上辟如北方諸方中上
解脫亦尒為无有上无有上者即真解脫真
解脫者即是如来又解脫者名无上上辟如
北方之於東方為无上上解脫亦尒无有上

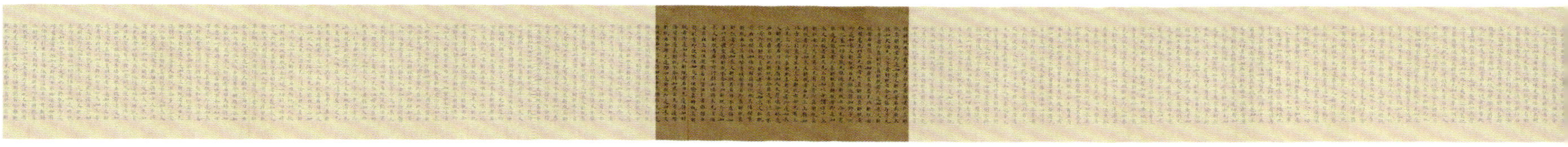

名曰恒非不恒也解脫亦尒非是不恒非不
恒者即真解脫真解脫者即是如來又解脫
者名曰堅住如佉陁羅旃檀沉水具性堅實
解脫亦尒具性堅實性堅實者即真解脫真
解脫者即是如來又解脫者名曰不虛譬如
葦竹其體空踈解脫不尒當知解脫即是如
來又解脫者名不可汙譬如墻壁未見塗治
蚉虻在上止住遊戲若以塗治彩畫雕鎪虫
聞彩香即便不住如是不住喻真解脫真解
脫者即是如來又解脫者名曰无邊譬如村
落皆有邊表解脫不尒譬如虛空无有邊際
解脫亦尒无邊際如是解脫即是如來又
解脫者名不可見譬如空中鳥跡難見如是

解脫亦尒樂无邊際如是解脫即是如來又
解脫者名不可見辟如空中鳥跡難見如是
難見喻真解脫真解脫者即是如來又解脫
者名曰甚深何以故聲聞緣覺所不能入不
能入者即真解脫真解脫者即是如來又甚
深者諸佛菩薩之所恭敬辟如孝子供養父
母功德甚深功德甚深喻真解脫真解脫者
即是如來又解脫者名不可見辟如有人不
見自頂解脫亦尒聲聞緣覺所不能見不能
見者即真解脫真解脫者即是如來又解脫者
名无屋宅辟如虛空无有屋宅解脫亦尒言
屋宅者喻廿五有无有屋宅喻真解脫真解
脫者即是如來又解脫者名不可取如阿摩
勒菓人可[illegible]

可執譬如幻物不可執持解脫亦尒不可執持
不可執持即真解脫真解脫者即是如来又
解脫者无有身體譬如有人體生瘡癩及諸癰
疽顛狂乾枯真解脫中无如是病无如是病
喻真解脫真解脫者即是如来又解脫者名
為一味如乳一味解脫亦尒唯有一味如是
一味即真解脫真解脫者即是如来又解脫
者名曰清淨如水无泥澄靜清淨解脫亦尒
澄靜清淨澄靜清淨即真解脫真解脫者即
是如来又解脫者名曰一味如空中雨一味清
淨一味清淨喻真解脫真解脫者即是如来
又解脫者名曰除却譬如滿月无諸雲翳解
脫亦尒无諸雲翳无諸雲翳即真解脫真解

脫亦尒无諸雲翳无諸雲翳即真解脫真解
脫者即是如来又解脫者名曰寂靜譬如有
人熱病除愈身得寂靜解脫亦尒身得寂靜
身得寂靜即真解脫真解脫者即是如来又
解脫者即是平等譬如野田毒虵鼠狼俱有
煞心解脫不尒无有煞心无煞心者即真解
脫真解脫者即是如来又平等者譬如父母
等心於子解脫亦尒其心平等心平等者即
真解脫真解脫者即是如来又解脫者名无
異處譬如有人唯居上妙清淨屋宅更无
異處解脫亦尒无有異處无異處者即真解
脫真解脫者即是如来又解脫者名曰知足
譬如飢人值遇甘饌食之无猒解脫不尒如

脫即是如來又解脫者名曰斷絕如人被
縛斷縛得脫解脫亦尒斷絕一切疑心結縛
如是斷疑即真解脫真解脫者即是如來又
解脫者名到彼岸譬如大河有此彼岸解脫
不尒雖无此岸而有彼岸有彼岸者即真解
脫真解脫者即是如來又解脫者名曰嘿然
譬如大海其水汎漲多諸音聲解脫不尒如
是解脫即是如來又解脫者名曰美妙譬如
衆藥雜呵梨勒其味則苦解脫不尒味如甘
露味如甘露喻真解脫真解脫者即是如來
又解脫者除諸煩惱譬如良醫和合諸藥善
療衆病解脫亦尒能除煩惱除煩惱者即真
解脫真解脫者即是如來又解脫者名曰无
迮譬如小舍不容多人解脫不尒多所容受

解脫真解脫者即是如来又解脫者名曰无
迮譬如小舍不容多人解脫不尒多所容受
多所容受即真解脫真解脫者即是如来又
解脫者名滅諸愛不雜婬欲譬如女人多諸
愛欲解脫不尒如是解脫即是如来如来
是无有貪欲瞋恚愚癡憍慢等結又解脫者
名曰无愛愛有二種一者餓鬼愛二者法愛
真解脫者離餓鬼愛憐愍衆生故有法愛如
是法愛即真解脫真解脫者即是如来又解
脫者離我我所如是解脫即是如来如来者
即是法也又解脫者即是滅盡離諸有貪如
是解脫即是如来如来者即是法也又解脫
者即是救護能救一切諸怖畏者如是解脫
即是如来如来者即是法也又解

[illegible]
人依恃於王不求餘依雖復依王則有動轉
依解脫者无有動轉无動轉者即真解脫真
解脫者即是如來如來者即是法也又解脫者
名為屋宅譬如有人行於曠野則有嶮難解
脫不尒无有嶮難无嶮難者即真解脫真解
脫者即是如來又解脫者是无所畏如師子
王於諸百獸不生怖畏解脫亦尒於諸魔衆
不生怖畏无怖畏者即真解脫真解脫者即
是如來又解脫者无有迮陜譬如隘路乃至
不受二人並行解脫不尒如是解脫即是如
來又有不迮譬如有人畏虎墮井解脫不尒
如是解脫即是如來又有不迮如大海中捨
壞小船得堅牢船乘之度海到安隱處心得

壞小船得堅牢船乘之度海到安隱處心得
快樂解脫亦尒心得快樂得快樂者即真解
脫真解脫者即是如來又解脫者拔諸因緣
譬如因乳得酪因酪得蘇因蘇得醍醐真解
脫中都无是因无是因者即真解脫真解脫
者即是如來又解脫者能伏憍慢譬如大
王憍慢於小王解脫不尒如是解脫即是如
來如來者即是法也又解脫者伏諸放逸謂
放逸者多有貪欲真解脫中无有是名无是
名者即真解脫真解脫者即是如來又解脫
者能除无明如上妙蘇除諸滓穢乃名醍醐
解脫亦尒除无明滓生於真明如是真明即
真解脫真解脫者即是如來又解脫者名為

尒種一无二種一无二是真解脫真解脫者
即是如来又解脫者名為堅實如竹葦蓖麻
莖幹空虛而子堅實除佛如来其餘人天皆
不堅實真解脫者遠離一切諸有流等如是
解脫即是如来又解脫者名能覺了增益於
我真解脫者亦復如是如是解脫即是如来
又解脫者名捨諸有譬如有人食已而吐解
脫亦尒捨於諸有捨諸有者即真解脫真解
者即是如来又解脫者名曰決定如婆師華
香七葉中无解脫亦尒如是解脫即是如来
又解脫者名曰水大譬如水大於諸大勝能
潤一切草木藂子解脫亦尒能潤一切有生
之類如是解脫即是如来又解脫者名為
入如有門戶則通入路有金性處金剛可得

之類如是解脫即是如來又解脫者名曰為
入如有門户則通入路有金性處金則可得
解脫亦尒如彼門户脩无我者則得入中如
是解脫即是如來又解脫者名曰為善譬如
弟子随逐於師善奉教勑得名為善解脫亦
尒如是解脫即是如來又解脫者名出世法
於一切法最為出過如衆味中蘇乳最勝解
脫亦尒如是解脫即是如來又解脫者名曰
不動譬如門閫風不能動真解脫者亦復如
是如是解脫即是如來又解脫者名无濤波
如彼大海其水濤波解脫不尒如是解脫即
是如來又解脫者譬如宮殿解脫亦尒當
知解脫即是如來又解脫者名曰所用如閻
浮檀金多有所用无有能説其過惡解脫

者即是如來又解脫者捨嬰兒行譬如大人
捨小兒行解脫亦尒除捨五陰除捨五陰即
真解脫真解脫者即是如來又解脫者名曰
究竟如被繫者從繫得脫洗浴清淨然後還
家解脫亦尒畢竟清淨畢竟清淨即真解脫
真解脫者即是如來又解脫者名无作樂无
作樂者貪欲瞋恚愚癡吐故喻如有人誤飲虵
毒為除毒故即服吐藥既得吐已毒即除愈
身得安樂解脫亦尒吐於煩惱諸結縛毒身
得安樂名无作樂无作樂者即真解脫真解
脫者即是如來又解脫者名斷四種毒虵煩
惱斷煩惱者即真解脫真解脫者即是如來
又解脫者名離諸有滅一切苦得一切樂永斷

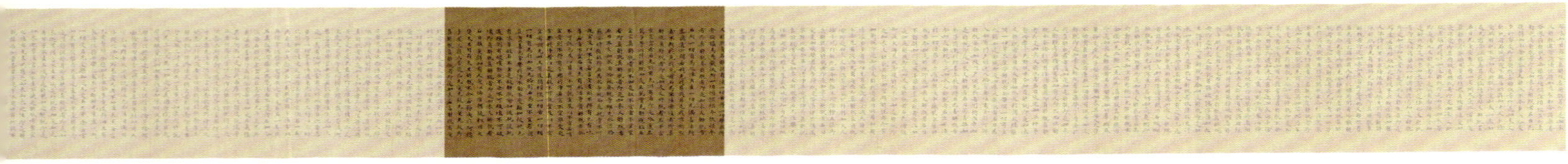

又解脫者名離諸有滅一切苦得一切樂永斷
貪欲瞋恚愚癡拔斷一切煩惱根本拔根本
者即真解脫真解脫者即是如來又解脫者
名斷一切有為之法出生一切无漏善法斷
塞諸道所謂若我无我非我非无我唯斷取
著不斷我見我見者名為佛性佛性者即真
解脫真解脫者即是如來又解脫者名不空
空空空者名无所有无所有者即是外道尼
乾子等所計解脫而是尼乾實无解脫故名
空空真解脫者則不如是故不空空不空空
者即真解脫真解脫者即是如來又解脫者
名曰不空如水酒酪蘇蜜瓶等雖无水酒酪
蘇蜜時猶故得名為水等瓶而是瓶等不可
說空及以不空若言空者則不得有

觸若言不空而復无有水酒等實解脫亦尒
不可說色及以非色不可說空及以不空若言
空者則不得有常樂我淨若言不空誰受是
常樂我淨者以是義故不可說空及以不空
空者謂无卄五有及諸煩惱一切苦一切相
一切有為行如瓶无酪則名為空不空者謂
真實善色常樂我淨不動不變猶如彼瓶色
香味觸故名不空是故解脫喻如彼瓶彼瓶
遇緣則有破壞解脫不尒不可破壞不可破
壞即真解脫真解脫者即是如来又解脫者
名曰離愛譬如有人愛心悕望釋提桓因大
梵天王自在天王解脫不尒若得成於阿耨
多羅三藐三菩提已无愛无疑无愛无疑即
真解脫真解脫者即是如来若言解脫有愛

多羅三藐三菩提已无愛无疑无愛无疑即
真解脱真解脱者即是如来若言解脱有愛
疑者无有是處又解脱者斷諸有貪斷一切
相一切繫縛一切煩惱一切生死一切因緣
一切果報如是解脱即是如来如来即是涅
槃一切衆生怖畏生死諸煩惱故故受三歸
譬如羣鹿怖畏獵師既得免離若得一跳則
喻一歸如是三跳則喻三歸以三跳故得受
安樂衆生亦尒怖畏四魔惡獵師故受三歸
依三歸依故則得安樂受安樂者即真解脱
真解脱者即是如来如来者即是涅槃涅槃
者即是无盡无盡者即是佛性佛性者即是
決定決定者即是阿耨多羅三藐三菩提迦
葉菩薩白佛言世尊若涅槃佛性決定如來

男子一切衆生怖畏生死故求三歸以三歸
故則知佛性決定涅槃善男子有法名一義
異有法名義俱異名一義異者佛常法常比
丘僧常涅槃虛空皆亦是常是名名一義異
名義俱異者佛名為覺法名不覺僧名和合
涅槃名解脫虛空名非善亦名无导是為名
義俱異善男子三歸依者亦復如是名義俱
異云何為一是故我告摩訶波闍波提憍曇
弥莫供養我當供養僧若供養僧則得具足
供養三歸摩訶波闍波提即荅我言衆僧之
中无佛无法云何說言供養衆僧則得具足
供養三歸我復告言汝隨我語則供養佛為
解脫故即供養法衆僧受者則供養僧善男

供養三歸我今若言汝隨我說則供養佛爲
解脫故即供養法衆僧受者則供養僧善男
子是故三歸不得爲一善男子如來或時說
一爲三說三爲一如是之義諸佛境界非是
聲聞緣覺所知迦葉復言如佛所說畢竟安
樂名涅槃是義云何夫涅槃者捨身捨智
若捨身智誰當受樂佛言善男子譬如有人
食已心悶出外欲吐既得吐已而復迴還同
伴問之汝今所患竟爲差不而復來還荅言
已差身得安樂如來亦尒畢竟遠離廿五有
永得涅槃安樂之處不可動轉无有盡滅斷
一切受名无受樂如是无受名爲常樂若言
如來有受樂者无有是處是故畢竟樂者即
是是集是集者即无集无集者即是如

善男子不生不滅即是解脫如是解脫即是
如來迦葉復言若不生不滅是解脫者虛空
之性亦无生滅應是如來如來之性即是解
脫佛告迦葉善男子是事不然世尊何故不
然善男子如迦蘭伽鳥及命命鳥其聲清妙
寧可同於烏鵲音不不也世尊烏鵲之聲比
命命等百千万倍不可為比迦葉復言迦蘭
伽等其聲微妙身亦不同如來云何比之烏
鵲无異亭歷比須弥山佛与虛空亦復如是
是迦蘭伽聲可喻佛聲不可以喻烏鵲之音
尒時佛讚迦葉菩薩善哉善哉汝今善解甚
深難解如來有特以因緣故引彼虛空以喻
解脫如是解脫即是如來真解脫者一切人

解脱如是解脱即是如来真解脱者一切人
天无能為近而此虚空實非其喻為化衆生
故以虚空非喻為喻當知解脱即是如来如
来之性即是解脱解脱如来无二无别善男
子非喻者如无比之物不可引喻有因缘故可得
引喻如經中説面貌端正猶月盛滿白象鮮
潔猶如雪山滿月不得即同於面雪山不得
即是白象善男子不可以喻喻真解脱為化
衆生故作喻耳以諸譬喻知諸法性皆亦如
是迦葉復言云何如来作二種説佛言善男
子譬如有人執持刀劔以瞋恚心欲害如来
如来和恱无恚恨色是人當得壞如来身戌
逆罪不不也世尊何以故如来身界不可壞
故[illegible]

經不可壞是人亦作[illegible]
成无間以是因緣引諸譬喻得知實法尒時
佛讚迦葉菩薩善哉善哉善男子我所欲說
汝今已說又善男子譬如惡人欲害其母住
於野田在𥡴積下母為送食其人見已尋生
害心便前磨刀母時知已逃入積中其人持
刀遶積遍斫斫已歡喜生已煞想其母尋後
從𥡴積出還至家中於意云何是人成就无
間罪不世尊不可定說何以故若說有罪母
身應壞身若不壞云何言有若說无罪生已
煞想心懷歡喜云何言无是人雖不具足逆
罪而亦是逆以是因緣引諸譬喻得知實法
佛讚迦葉善哉善哉善男子以是因緣我說
種種方便譬喻以喻解脫雖以无量阿僧祇

佛讚迦葉善哉善哉善男子以是因緣我說
種種方便譬喻以喻解脫雖以无量阿僧祇
喻而實不可以喻為比或有因緣亦可喻說
或有因緣不可喻說是故解脫成就如是无
量功德趣涅槃者涅槃如來亦有如是无量
功德以如是等无量功德成就滿故名大涅
槃迦葉菩薩白佛言世尊我今始知如來至處
為无有盡處若无盡當知壽命亦應无盡
佛言善哉善哉善男子汝今善能護持正法
若有善男子善女人欲斷煩惱諸結縛者當
任如是護持正法
善男子是大涅槃微妙經中有四種人能護
正法建立正法憶念正法能多利益憐愍世
間為世間依安樂人天何等為四有人出世

具大怖畏是名第一須陀洹人斯陀含人是
名第二阿那含人是名第三阿羅漢人是名
第四是四種人出現於世能多利益憐愍世
間為世間依安樂人天云何名為具煩惱性
若有人能奉持禁戒威儀具足建立正法從
佛所聞解其文義轉為他人分別宣說所謂
少欲多欲非道廣說如是八大人覺有犯罪
者教令發露懺悔滅除善知菩薩方便所行
秘密之法是名凡夫非第八人第八人者不
名凡夫名為菩薩不名為佛第二人者名須
陁洹斯陁含人若得正法受持正法從佛聞
法如其所聞聞已書寫受持讀誦轉為他說
若聞法已不寫不受不持不說而言奴婢不
淨之物佛聽畜者无有是處是名第二人如

淨之物佛聽畜者无有是處是名第二人如
是之人未得第二第三住處名為菩薩已得
受記第三人者名阿那含阿那含者誹謗正
法若言聽畜奴婢僕使不淨之物受持外道
典籍書論及為客塵煩惱所鄣諸舊煩惱之
所覆蓋若藏如來真實舍利及為外病之
所惱害者或為四大毒虵所侵論說我者悉
无是處若說无我斯有是處說著世法无有
是處若說大乘相續不絶斯有是處若所受
身有八万戶虫亦无是處永離婬欲乃至夢
中不失不淨斯有是處臨終之日生怖畏者亦
无是處阿那含者為何謂也是人不還如上
所說所有過患永不能汙往及周旋名為菩
薩已得受記不久得成阿耨多羅三藐三菩

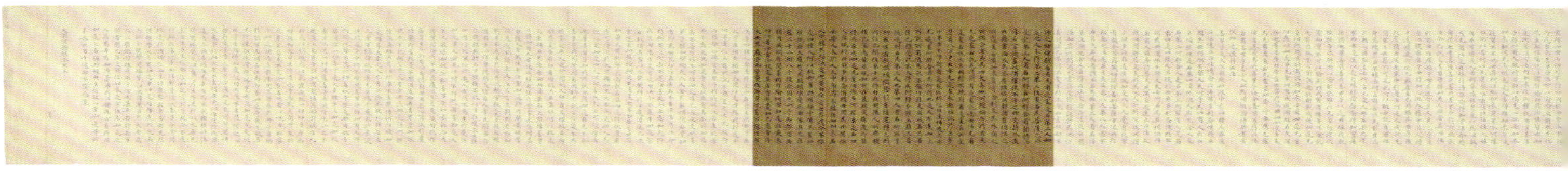

故是則名爲第三人世第四人者名阿羅漢
阿羅漢者斷諸煩惱捨於重擔逮得己利
所作已辦住第十地得自在智隨人所樂種
種色像悉能示現如所莊嚴欲成佛道即能
得成能成如是无量功德名阿羅漢是名四
人出現於世能多利益憐愍世間爲世間依
安樂人天於人天中最尊最勝猶如如來名
人中勝爲歸依處迦葉白佛言世尊我今不依
是四種人何以故如瞿師羅經中佛爲瞿師
羅說若天魔梵爲欲破壞變爲佛像具足莊
嚴三十二相八十種好圓光一尋面部圓滿
猶月盛明眉間毫相白踰珂雪如是莊嚴來
向汝者汝當撿校定其虛實既覺知已應當降
伏世尊魔等尚能變作佛身況當不能作羅

伏世尊魔等尚能變作佛身況當不能作羅
漢等四種之身坐卧空中左脅出水右脅出
火身出烟炎猶如火聚以是因緣我於是中
心不生信或有所說不能稟受亦无敬念
而作依止佛言善男子於我所說若生疑者
尚不應受況如是等是故應當善分別知是
善不善可作不可作如是作已長夜受樂善
男子譬如偷狗夜入人舍其家婢使若覺知
者即應驅罵汝疾出去若不去者當奪汝命
時狗聞之即去不還汝等從今亦應如是降
伏波旬應作是言波旬汝今不應作如是像
若故作者當以五繫繫縛於汝魔聞是已便
當還去如彼偷狗更不復還迦葉白佛言世尊
如佛爲瞿師羅長者說言長者[illegible]

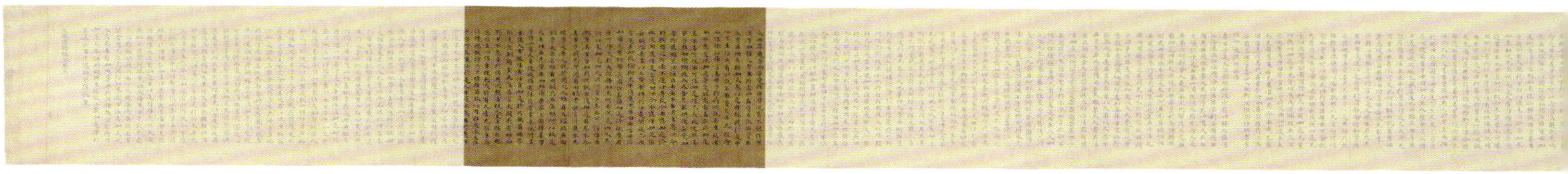

[illegible]
依止處如是四人所可言說未必可信佛告
迦葉善男子如我所說亦復如是非為不尒
善男子我為聲聞有肉眼者說言降魔不為
脩學大乘人說聲聞之人雖有天眼故名肉
眼學大乘者雖有肉眼乃名佛眼何以故是
大乘經名為佛乘而此佛乘最上最勝善男
子譬如有人勇健威猛有怯弱者常來依附其
勇健人常教怯者汝當如是持弓執箭脩學
梢道長鉤羂索又復告言夫鬪戰者雖如
戰刀不應生於怖畏之想當視人天生輕弱想
應自生心作勇健想或時有人素无膽勇詐
作健想執持弓刀種種器杖以自莊嚴來至陣
中唱呼大喚汝於是人亦復不應生於憂怖

仗健想執持弓刀種種器杖以自莊嚴來至陣
中唱呼大喚汝於是人亦復不應生於憂怖
如是輩人若見汝時不怖畏者當知是人
不久散壞如彼偷狗善男子如來亦尒告
諸聲聞汝等不應畏魔波旬若魔波旬化作
佛身至汝所者汝當精懃堅固其心降伏於魔
時魔即當愁憂不樂復道而去善男子如彼
健人不從他習學大乘者亦復如是得聞種
種深密經典其心欣樂不生驚怖何以故如
是脩學大乘之人已曾供養恭敬礼拜過去
无量万億佛故雖有无量億千魔衆欲來侵
嬈於是事中終不驚畏善男子譬如有人得
阿竭陁藥不畏一切毒虵等畏是藥力故亦
能消除一切毒等是大乘經亦復如是如彼

起復次善男子譬如有龍性甚始弊欲害人
時或以眼視或以氣噓是故一切師子虎豹
豺狼狗犬皆生怖畏是等惡獸或聞聲見形
或觸其身无不喪命有善呪者以呪力故能
令如是諸惡毒龍金翅鳥等惡象師子虎豹
豺狼皆悉調善任為御乘如是等獸見彼善
呪即便調伏聲聞緣覺亦復如是見魔波
旬皆生恐怖而魔波旬亦復不生畏懼之心
猶行魔業學大乘者亦復如是見諸聲聞怖
畏魔事於此大乘不生信樂先以方便降伏諸
魔悉令調善堪任為乘因為廣說種種妙法
聲聞緣覺見調魔已乃生怖畏於此大乘无
上正法方生信樂作如是言我等從今不應

上正法方生信樂住如是言我等從今不應
於此正法之中而作鄣㝵復次善男子聲聞
緣覺於諸煩惱而生怖畏學大乘者都无恐
懼脩學大乘有如是力以是因緣先所說者
為欲令彼聲聞緣覺調伏諸魔非為大乘是
大涅槃微妙經典不可消伏甚奇甚特若有
聞者聞已信受能信如來是常住法如是之
人甚為希有如優曇華我涅槃後若有得聞
如是大乘微妙經典生信敬心當知是等於
未來世百千億劫不墮惡道

大般涅槃經卷第五

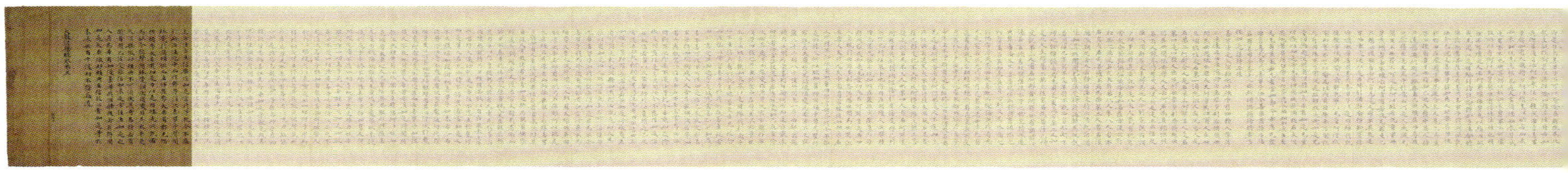

BD01131　大般涅槃經卷五

BD01132　維摩詰所説經卷中

（後秦）鳩摩羅什　譯

724cm × 26cm

師智慧无礙一

藏无不得入降伏衆

方皆已得度雖

問疾於是衆中諸菩薩

是念今二大士文殊

妙法即時八千菩薩

欲隨從於是文殊師

大弟子衆及諸天人恭敬圍遶

耶離大城

尒時長者維摩詰心念今文殊師利與

俱来即以神力空其室内除去所有及諸侍

者唯置一床以疾而卧文殊師利既入其舍

見其室空无諸所有獨寢一床時維摩詰

言善来文殊師利

更不去所以者何來者无所從來去者无所至
所可見者更不可見且置是事居士是疾寧
可忍不療治有損不至增乎世尊慇懃致問
无量居士是疾何所因起其生久如當云何
滅維摩詰言從癡有愛則我病生以一切衆生
病是故我病若一切衆生得離病者則我病
滅所以者何菩薩爲衆生故入生死有生死
則有病若衆生得離病者則菩薩无復病譬
如長者唯有一子其子得病父母亦病若子病
愈父母亦愈菩薩如是於諸衆生愛之若子
衆生病則菩薩病衆生病愈菩薩亦愈又言
是疾何所因起菩薩疾者以大悲起文殊師利
言居士此室何以空无侍者維摩詰言諸佛

言居士此室何以空无侍者維摩詰言諸佛
國土亦復皆空又問以何為空荅曰以空空
又問空何用空荅曰以无分別空故空又問
空可分別耶荅曰分別亦空又問空當於何
求荅曰當於六十二見中求又問六十二見當
於何求荅曰當於諸佛解脱中求又問諸
佛解脱當於何求荅曰當於一切衆生心行
中求又仁所問何无侍者一切衆魔及諸外道
皆吾侍也所以者何衆魔者樂生死菩薩於
生死而不捨外道者樂諸見菩薩於諸見而
不動文殊師利言居士所疾為何等相維摩
詰言我病无形不可見又問此病身合耶心合
耶荅曰非身合身相離故亦非心合心如幻故
又問地[illegible]

亦非地大亦不離地大水火風大亦復
如是而衆生病從四大起以其有病是故我病
尒時文殊師利問維摩詰言菩薩應云何慰愈
有疾菩薩維摩詰言說身无常不說猒離於
身說身有苦不說樂於涅槃說身无我而說
教導衆生說身空寂不說畢竟寂滅說悔
先罪而不說入於過去以己之病愍於彼疾當
識宿世无數劫苦當念饒益一切衆生憶所
脩福念於淨命勿生憂惱常起精進當作醫
王療治衆病菩薩應慰如是慰喻有病菩薩
令其歡喜
文殊師利言居士有疾菩薩云何調伏其心維
摩詰言有疾菩薩應作是念今我此病皆從
前世妄想顛倒諸煩惱生无有實法誰受病

前世妄想顛倒諸煩惱生无有實法誰受病
者所以者何四大合故假名為身四大无主
身亦无我又此病起皆由著我是故於我不
應生著既知病本即除我想及衆生想當起
法想應作是念但以衆法合成此身起唯法
起滅唯法滅又此法者各不相知起時不言
我起滅時不言我滅彼有疾菩薩為滅法
想當作念此法想者亦是顛倒顛倒者是即
大患我應離之云何為離離我我所云何
離我我所謂離二法云何離二法謂不念內外
諸法行於平等云何平等謂我等涅槃等
所以者何我及涅槃此二皆空以何為空但以
名字故空如此二法无決定性得是平等

薩以无所受而受諸受未具佛法亦不滅受而
取證也設身有苦念惡趣衆生起大悲心我
既調伏亦當調伏一切衆生但除其病而不除
法為斷病本而教導之何謂病本謂有攀緣
從有攀緣則有病本何所攀緣謂之三界云
何斷攀緣以无所得若无所得則无攀緣何
謂无所得謂二見何謂二見謂内見外見是
无所得文殊師利是為有疾菩薩調伏其心
為斷老病死苦是菩薩菩提若不如是已所
脩治為无慧利譬如勝怨乃可為勇如是兼
除老病死者菩薩之謂也彼有疾菩薩今
復作是念如我此病非真非有衆生病亦非真
非有作是觀時於諸衆生若起愛見大悲即
應捨離所以者何菩薩斷除客塵煩惱而起

應捨離所以者何菩薩斷除客塵煩惱而起
大悲愛見悲者則於生死有疲厭心若能離
此无有疲猒在在所生不為愛見之所覆也
所生无縛能為衆生說法解縛如佛所說若自
有縛能解彼縛无有是處若自无縛能解彼
縛斯有是處是故菩薩不應起縛何謂縛何
謂解貪著禪味是菩薩縛以方便生是菩薩
解又无方便慧縛有方便慧解无慧方便縛
有慧方便解何謂无方便慧縛謂菩薩以愛
見心莊嚴佛土成就衆生於空无相无作法
中而自調伏是名无方便慧縛何謂有方便
慧解謂不以愛見心莊嚴佛土成就衆生於
空无相无作法中以自調伏而不疲厭是名
有方便慧解何謂无慧方便縛謂菩薩住貪

貪欲瞋恚邪見等諸煩惱而殖衆德本是
名无慧方便縛何謂有慧方便解離諸貪欲
瞋恚耶見等諸煩惱而殖德本迴向阿耨多
羅三藐三菩提是名有慧方便解
文殊師利彼有疾菩薩應如是觀諸法又復
觀身无常苦空非我是名爲慧雖身有疾常
在生死饒益一切而不厭惓是名方便又復觀
身身不離病病不離身是病是身非新非
故是名爲慧設身有疾而不永滅是名方便
文殊師利有疾菩薩應如是調伏其心不住
其中亦復不住不調伏心所以者何若住不調
伏心是愚人法若住調伏心是聲聞法是故
菩薩不當住於調伏心不調伏心離此二法
是菩薩行在於生死不爲汙行住於涅槃不永

是菩薩行在於生死不為汙行住於涅槃不永
滅度是菩薩行非凡夫行非賢聖行是菩薩
行非垢行非淨行是菩薩行雖過魔行而現
降眾魔是菩薩行求一切智无非時求是菩
薩行雖觀諸法不生而不入正位是菩薩行雖
觀十二緣起而入諸耶見是菩薩行雖攝一切
眾生而不愛著是菩薩行雖樂遠離而不依
身心盡是菩薩行雖行三界而不壞法性是
菩薩行雖行於空而殖眾德本是菩薩行
雖行无相而度眾生是菩薩行雖行无作而現
受身是菩薩行雖行无起而起一切善行是
菩薩行雖行六波羅蜜而遍知眾生心心數
法是菩薩行雖行六通而不盡漏是菩薩
行雖行四无量心而不貪著生於梵世是菩

薩行雖行四念處而不畢竟離身受心法是
菩薩行雖行四正懃而不捨身心精進是菩
薩行雖行四如意足而得自在神通是菩薩
行雖行五根而分別衆生諸根利鈍是菩薩
行雖行五力而樂求佛十力是菩薩行雖行
七覺分而分別佛之智慧是菩薩行雖行八
正道而樂行无量佛法是菩薩行雖行止觀
助道之法而不畢竟墮於寂滅是菩薩行雖
行諸法不生不滅而以相好莊嚴其身是菩薩
行雖現聲聞辟支佛威儀而不捨佛法是菩
薩行雖隨諸法究竟淨相而隨所應為現其
身是菩薩行雖觀諸佛國土永寂如空而現
種種清淨佛土是菩薩行雖得佛道轉于

種種清淨佛土是菩薩行雖得佛道轉于
法輪入於涅槃而不捨於菩薩之道是菩薩
行說是語時文殊師利所將大衆其中八千
天子皆發阿耨多羅三藐三菩提心

不思議品第六

尒時舍利弗見此室中无有床座作是念斯
諸菩薩大弟子衆當於何坐長者維摩詰知
其意語舍利弗言云何仁者為法來耶求床
座耶舍利弗言我為法來非為床座維摩詰
言唯舍利弗夫求法者不貪軀命何况床座
夫求法者非有色受想行識之求非有界入
之求非有欲色无色之求唯舍利弗夫求法
者不著佛求不著法求不著衆求夫求法者

脩道是則戲論非求法也唯舍利弗法名寂
滅若行生滅是求生滅非求法也法名无染
若染於法乃至涅槃是則染著非求法也法无
行處若行於法是則行處非求法也法无處所
若著處所是則著處非求法也法名无相若
隨相識是則求相非求法也法不可住若住
於法是則住法非求法也法不可見聞覺知
若行見聞覺知是則見聞覺知非求法也
法名无為若行有為是求有為非求法也是
故舍利弗若求法者於一切法應无所求説是
語時五百天子於諸法中得法眼淨
尒時長者維摩詰問文殊師利仁者遊於无
量千万億阿僧祇國何等佛土有好上妙功

量千万億阿僧祇國何等佛土有好上妙功
德成就師子之座文殊師利言居士東方度
三十六恒河沙國有世界名須弥相其佛号
須弥燈王今現在彼佛身長八万四千由旬其
師子座高八万四千由旬嚴飾第一於是長者
維摩詰現神通力即時彼佛遣三万二千師
子座高廣嚴好來入維摩詰室諸菩薩大
弟子釋梵四天王等昔所未見其室廣博
悉皆包容三万二千師子座无所妨礙於毗耶
離城及閻浮提四天下亦不迫迮悉見如故
尒時維摩詰語文殊師利就師子座與諸
菩薩上人俱坐當自立身如彼座像其得神
通菩薩即自變身爲四万二千由旬坐師子
座諸新學菩薩及大弟子皆不能昇尒時

此座高廣吾不能昇維摩詰言唯舍利弗為
須弥燈王如來作礼乃可得坐於是新發意
菩薩及大弟子即為須弥燈王如來作礼便
得坐師子座舍利弗言居士未曾有也如是小
室乃容受此高廣之座於毗耶離城无所妨
礙又於閻浮提聚落城邑及四天下諸天龍王
鬼神宮殿亦不迫迮維摩詰言唯舍利弗諸
佛菩薩有解脫名不可思議若菩薩住是
解脫者以須弥之高廣內芥子中无所增減
須弥山王本相如故而四天王忉利諸天不覺
不知己之所入唯應度者乃見須弥入芥子
中是名不可思議解脫法門又以四大海水入
一毛孔不嬈魚鼈黿鼉水性之屬而彼大海本

BD01132　維摩詰所說經卷中

一毛孔不嬈魚鼈黿鼉水性之屬而彼大海本
相如故諸龍鬼神阿脩羅等不覺不知已之
所入於此衆生亦无所嬈又舍利弗住不可思
議解脫菩薩斷取三千大千世界如陶家
輪著右掌中擲過恒河沙世界之外其中衆
生不覺不知已之所往又復還置本處都不
使人有往來想而此世界本相如故又舍利
弗或有衆生樂久住世而可度者菩薩即演
七日以為一劫令彼衆生謂之一劫或有衆生
不樂久住而可度者菩薩即促一劫以為七
日令彼衆生謂之七日又舍利弗住不可思
議解脫菩薩以一切佛土嚴飾之事集在
一國示於衆生又菩薩以一佛土衆生置之
右掌飛到十方遍示一切而不動本

一毛孔皆令得見又十方國土所有日月星宿
於一毛孔普使見之又舍利弗十方世界所有
諸風菩薩悉能吸著口中而身无損外諸樹
木亦不摧折又十方世界劫盡燒時以一切火
内於腹中火事如故而不為害又於下方過
恒河沙等諸佛世界取一佛土舉著上方過恒河
沙无數世界如持針鋒舉一棗葉而无所嬈又
舍利弗住不可思議解脫菩薩能以神通現
作佛身或現辟支佛身或現聲聞身或現帝
釋身或現梵王身或現世主身或現轉輪王
身又十方世界所有衆聲上中下音皆能變
之令作佛聲演出无常苦空无我之音及十
方諸佛所說種種之法皆於其中普令得

方諸佛所說種種之法皆於其中善令得
聞舍利弗我今略說菩薩不可思議解脫之
力若廣說者窮劫不盡是時大迦葉聞說
菩薩不可思議解脫法門歎未曾有謂舍
利弗譬如有人於盲者前現衆色像非彼
所見一切聲聞聞是不可思議解脫法門不
能解了爲若此也智者聞是其誰不發阿
耨多羅三藐三菩提心我等何爲永絶其
根於此大乘已如敗種一切聲聞聞是不可思
議解脫法門皆應號泣聲震三千大千世界
一切菩薩應大喜慶頂受此法若有菩薩信
解不可思議解脫門者一切魔衆无如之何
大迦葉說是語時三万二千天子皆發阿耨

尒時維摩詰語大迦葉仁者十方无量阿僧
祇世界中作魔王者多是住不可思議解脫
菩薩以方便力教化衆生現作魔王又迦葉十
方无量菩薩或有人從乞手足耳鼻頭目髓
腦血肉皮骨聚落城邑妻子奴婢象馬車
乘金銀瑠璃車𤦲馬瑙珊瑚虎珀真珠珂貝
衣服飲食如此乞者多是住不可思議解脫
菩薩以方便力而往試之令其堅固所以者何
住不可思議解脫菩薩有威德力故行逼迫
示諸衆生如是難事凡夫下劣无有力勢不
能如是逼迫菩薩譬如龍象蹴蹋非驢所堪
是名住不可思議解脫菩薩智慧方便之門

觀衆生品第七

尒時文殊師利問維摩詰言菩薩云何觀於

尒時文殊師利問維摩詰言菩薩云何觀於
衆生維摩詰言譬如幻師見所幻人菩薩觀
衆生為若此如智者見水中月如鏡中見其
面像如熱時焔如呼聲響如空中雲如水聚沫
如水上泡如芭蕉堅如電久住如第五大如第
六陰如第七情如十三入如十九界菩薩觀衆
生為若此如无色界色如燋穀牙如須陁洹
身見如阿那含入胎如阿羅漢三毒如得忍菩
薩貪恚毀禁如佛煩惱習如盲者見色如
入滅盡定出入息如空中鳥跡如石女兒如
化人煩惱如夢所見已悟如滅度者受身如
无烟之火菩薩觀衆生為若此
文殊師利言若菩薩作是觀者云何行慈維
摩詰言菩薩作是觀已自念我當為衆生説

[illegible]
行不熱慈无煩惱故行等之慈等三世故行
无諍慈无所起故行不二慈内外不合故行不
壞慈畢竟盡故行堅固慈心无毀故行清淨
慈諸法性淨故行无邊慈如虛空故行阿羅
漢慈破結賊故行菩薩慈安衆生故行如来
慈得如相故行佛之慈覺衆生故行自然慈
无因得故行菩提慈等一味故行无等慈斷
諸愛故行大悲慈導以大乘故行无猒慈觀
空无我故行法施慈无遺惜故持戒慈化
毀禁故行忍辱慈護彼我故行精進慈荷
負衆生故行禪定慈不受味故行智慧慈无不
知時故行方便慈一切示現故行无隱慈直心
清淨故行深心慈无雜行故行无誑慈不虛

清淨故行滌心慈无雜行故行无諍慈不虛
假故行安樂慈令得佛樂故菩薩之慈為
若此也
文殊師利又問何謂為悲答曰菩薩所作功
德皆與一切衆生共之何謂為喜答曰有所
饒益歡喜无悔何謂為捨答曰所作福祐无
所希望文殊師利又問生死有畏菩薩當何
所依維摩詰言菩薩於生死畏中當依如來
功德之力文殊師利又問菩薩欲依如來功德
之力當於何住答曰菩薩欲依如來功德力者
當住度脫一切衆生又問欲度衆生當何所除
答曰欲度衆生除其煩惱又問欲除煩惱當何
所行答曰當行正念又問云何行於正念答曰

為本又問身孰為本荅曰欲貪為本又問欲貪
孰為本荅曰虛妄分別為本又問虛妄分別孰
為本荅曰顛倒想為本又問顛倒想孰為本
荅曰无住為本又問无住孰為本荅曰无住則
无本文殊師利從无住本立一切法
時維摩詰室有一天女見諸大人聞所說法便
現其身即以天華散諸菩薩大弟子上華至諸
菩薩即皆墮落至大弟子便著不墮一切弟子
神力去華不能令去尒時天問舍利弗何故去
華荅曰此華不如法是以去之荅曰勿謂此華為
不如法所以者何是華无所分別仁者自生分別
想耳若於佛法出家有所分別為不如法若无
分別是則如法觀諸菩薩華不著者以斷一

BD01132　維摩詰所説經卷中

分别是則如法觀諸菩薩華不著者以斷一
切分别相故譬如人畏時非人得其便如是
弟子畏生死故色聲香味觸得其便已離
畏者一切五欲无能為也結習未盡華著
身耳結習盡者華不著也舍利弗言天止
此室其已久如荅曰我止此室如耆年解
脫舍利弗言止此久耶天曰耆年解脫亦何
如久舍利弗默然不荅天曰如何耆舊大
智而默荅曰解脫者无所言說故吾於是
不知所云天曰言說文字皆解脫相所以
者何解脫者不内不外不在兩間文字亦
不内不外不在兩間是故舍利弗无離文字
說解脫也所以者何一切諸法皆解脫相舍
利弗言不復以離婬怒癡為解脫乎天曰佛

爲增上慢人說離婬怒癡爲解脫耳若无增
上慢者佛說婬怒癡性即是解脫舍利弗言
善哉善哉天女汝何所得以何爲證辯乃如
是天曰我无得无證故辯如是所以者何若
有得有證者則於佛法爲增上慢
舍利弗問天汝於三乘爲何志求天曰以聲
聞法化衆生故我爲聲聞以因緣法化衆生
故我爲辟支佛以大悲化衆生故我爲大乘
舍利弗如人入瞻蔔林唯齅瞻蔔不齅餘香
如是若入此室但聞佛法功德之香不樂聲
聞辟支佛功德香也舍利弗其有釋梵四天
王諸天龍鬼神等入此室者聞斯上人講說
正法皆樂佛功德之香發心而出舍利弗吾止
此室十有二年初不聞說聲聞辟支佛法但

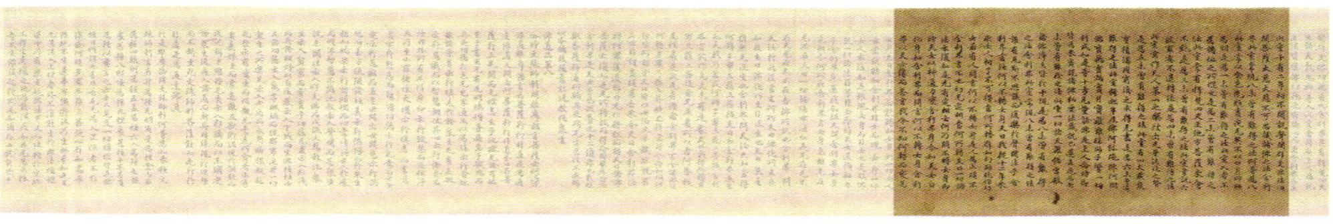

此室十有二年初不聞說聲聞辟支佛法但
聞菩薩大慈大悲不可思議諸佛之法舍利
弗此室常現八未曾有難得之法何等為八
此室常以金色光照晝夜无異不以日月所照
為明是為一未曾有難得之法此室入者不
為諸垢之所惱也是為二未曾有難得之
法此室常有釋梵四天王他方菩薩來會
不絕是為三未曾有難得之法此室常說六
波羅蜜不退轉法是為四未曾有難得之法
此室常作天人第一之樂絃出无量法化之聲
是為五未曾有難得之法此室有四大藏衆
寶積滿周窮濟之求得无盡是為六未曾有
難得之法此室釋迦牟尼佛阿彌陀佛阿閦

利成如是等十方无量諸佛是上人念時即
皆為來廣說諸佛秘要法藏說已還去是為七
未曾有難得之法此室一切諸天嚴飾宮殿
諸佛淨土皆於中現是為八未曾有難得
之法舍利弗此室常現八未曾有難得之法
誰有見斯不思議事而復樂於聲聞法乎舍
利弗言汝何以不轉女身天曰我從十二年來
求女人相了不可得當何所轉譬如幻師化作幻
女若有人問言何以不轉女身是人為正問不
舍利弗言不也幻无定相當何所轉天曰一切諸
法亦復如是无有定相云何乃問不轉女身即
時天女以神通力變舍利弗令如天女天自
化身如舍利弗而問言何以不轉女身舍利
弗以天女像而荅言我今不知何轉而變為

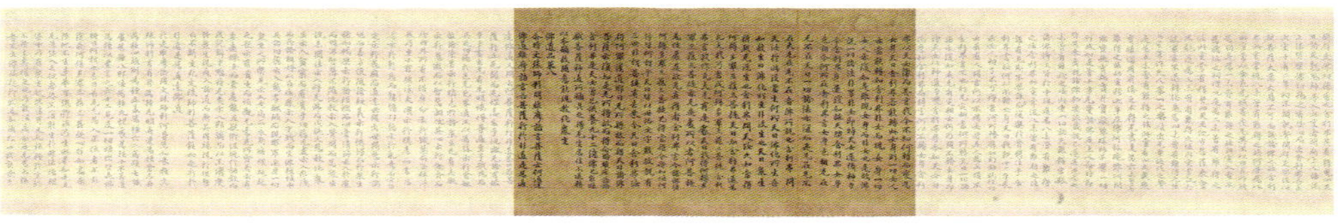

弗以天女像而荅言我今不知何轉而變爲
女身天曰舍利弗若能轉此女身則一切女人
亦當能轉如舍利弗非女而現女身一切
女人亦復如是雖現女身而非女也是故佛
說一切諸法非男非女即時天女還攝神力
令舍利弗身還復如故天問舍利弗女身
色相今何所在舍利弗言女身色相无在
无不在天曰一切諸法亦復如是无在无不
在夫无在无不在者佛所說也舍利弗問
天汝於此沒當生何所天曰佛化所生吾
如彼生曰佛化所生非沒生也天曰衆生
猶然无沒生也舍利弗問天汝久如當得
阿耨多羅三藐三菩提天曰如舍利弗還爲

羅三藐三菩提亦无是處所以者何菩提
无住處是故无有得者舍利弗言今諸佛得
阿耨多羅三藐三菩提已得當得今得如恒河
沙皆何謂乎天曰皆以世俗文字數故說有
三世非謂菩提有去來今天曰舍利弗汝
得阿羅漢道耶曰无所得故而得天曰諸佛
菩薩亦復如是无所得故而得尒時維摩詰語
舍利弗是天女曾已供養九十二億佛已能遊
戲菩薩神通所願具足得无生忍住不退轉
以本願故隨意能現教化衆生

佛道品第八

尒時文殊師利問維摩詰言菩薩云何通達
佛道維摩詰言若菩薩行於非道是為通

佛道維摩詰言若菩薩行於非道是為通
達佛道又問云何菩薩行於非道荅曰若菩
薩行五无間而无惱恚至于地獄无諸罪垢
至于畜生无有无明憍慢等過至于餓鬼而
具足功德行色无色界道不以為勝示行貪欲
離諸染著示行瞋恚於諸衆生无有恚礙
示行愚癡而以智慧調伏其心示行慳貪而
捨内外所有不惜身命示行毀禁而安住淨
戒乃至小罪猶懷大懼示行瞋恚而常慈
忍示行懈怠而懃脩功德示行亂意而常念
定示行愚癡而通達世間出世間慧示行諂
偽而善方便隨諸經義示行憍慢而於衆生
猶如橋梁示行諸煩惱而心常清淨示入於魔
而順佛智慧不隨他教示入聲聞而為衆生

訶之門示入辟支佛而成就大悲教化衆
生示入貧窮而有寶手功德无盡示入形殘
而具諸相好以自莊嚴示入下賤而生佛種姓中
具諸功德示入羸劣醜陋而得那羅延身一切
衆生之所樂見示入老病而永斷病根超越
死畏示有資生而恒觀无常无所貪著示有
妻妾婇女而常遠離五欲淤泥現扵訥鈍而
成就辯才惣持无失示入耶濟而以正濟度
諸衆生現遍入諸道而斷其因緣現扵涅槃
而不斷生死文殊師利菩薩能如是行扵
非道是為通達佛道
扵是維摩詰問文殊師利何等為如來種文
殊師利言有身為種无明有愛為種貪恚癡
為種四顛倒為種五蓋為種六入為種七識

為種四顛倒為種五蓋為種六入為種七識
處為種八邪法為種九惱處為種十不善道
為種以要言之六十二見及一切煩惱皆是佛
種曰何謂也答曰若見无為入正位者不能
復發阿耨多羅三藐三菩提心譬如高原
陸地不生蓮華卑濕淤泥乃生此華如是見
无為法入正位者終不復能生於佛法煩惱
泥中乃有衆生起佛法耳又如殖種於空終
不得生糞壤之地乃能滋茂如是无為正位
者不生佛法起於我見如須弥山猶能發于

BD01133 四分比丘尼戒本

（後秦）佛陀耶舍 譯

（唐）懷素 集

69cm × 27.1cm

若比丘尼持兜羅綿繩床木床若卧具坐具波逸提

若比丘尼噉蒜者波逸提

若比丘尼剃三處毛者波逸提

若比丘尼以水作淨應齊兩指各一節若過者波逸提

若比丘尼以胡膠作男根波逸提

若比丘尼共相拍波逸提

若比丘尼比丘尼无病食時供給水以扇扇者波逸提

若比丘尼乞生穀者波逸提

若比丘尼在草上大小便波逸提

若比丘尼夜大小便器中晝不看墻外棄者波逸提

若比丘尼入村中與男子在屏處共語者波逸提

若比丘尼與男子共入屏覆處者波逸提

若比丘尼入村內巷中遣伴遠去在屏處與男子

共立耳語者波逸提

若比丘尼入白衣家內坐不語主人捨去者波逸提

若比丘尼入白衣家內不語主人輒坐牀者波逸提

若比丘尼入白衣家內不語主人輒自敷坐宿者波逸提

若比丘尼與男子共闇室中者波逸提

若比丘尼不審諦受語便向人說波逸提

若比丘尼小因緣事便呪咀墮三惡道不生佛法中若

我有如是事墮三惡道不生佛法中若汝有如是事

亦墮三惡道不生佛法中波逸提

亦墮三惡道不生佛法中波逸提
若比丘尼共鬪諍不善憶持諍事推胸啼哭者波逸提
若比丘尼无病二人共牀卧波逸提 九十
若比丘尼共一褥同一被卧除餘時波逸提
若比丘尼知先住後至知後至先住為惱故在前誦
經問議教授者波逸提
若比丘尼同活比丘尼病不瞻視者波逸提
若比丘尼安居初聽餘比丘尼在房中安牀後瞋
若恚駈出者波逸提
若比丘尼夏春冬一切時人間遊行除餘時因緣波逸提
若比丘尼夏安居竟應出行乃至一宿若比丘尼

BD01134　無量壽宗要經（甲本）

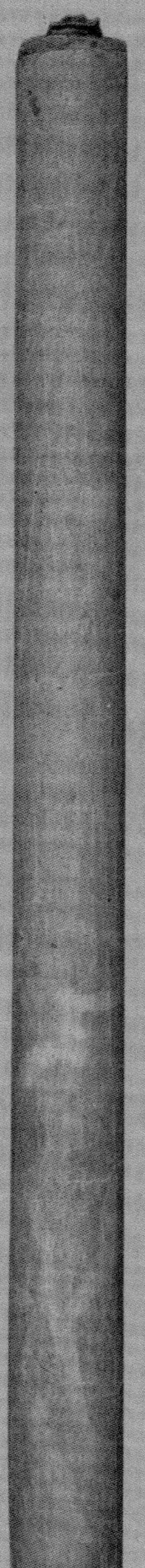

182.5cm × 30.5cm

大乘无量壽經

如是我聞一時薄伽梵在舍衛國祇樹給孤獨園与大苾芻僧千二百五十人大菩薩摩
薩訶衆俱同會坐尒時世尊告曼殊室利童子曼殊上方有世界名无量聚
彼土有佛号无量智決定王如來阿耨多羅三藐三提菩現爲衆生開示說法曼
殊諦聽南閻浮提人皆短壽大限百年於中夭枉橫死者衆曼殊如是无量壽如來功
德名稱法要若有衆生得聞名号若自書或使人書能爲經卷受持讀誦若
於舍宅所住之處以種種花鬘瓔珞塗香末香而爲供養如其命盡復得延年
滿足百歲如是曼殊若有衆生得聞是无量壽智決定王如來一百八名号者
益其長壽若有衆生大命將盡憶念是如來名号更得增壽如是曼殊若
有善男子善女人欲求長壽於是无量壽如來一百八号有得聞者或自書若
使人書受持讀誦得如是等果報福德具足陁羅尼曰　南謨薄伽勃底一　阿波唎蜜
哆二　阿喻紇硯娜三　須毗你悉指陁四　囉佐耶五　怛他羯他耶六　怛姪他唵七　薩婆桑悉迦囉八
波唎輸底九　達磨底十　伽迦娜十一　莎訶某特伽底十二　薩婆婆毗輸底十三　摩訶娜耶十四　波唎婆唎莎訶十五
世尊復告曼殊室利如是如來一百八名号若有自書寫或使人書爲經卷受持讀

他耶六 怛姪他唵七 薩婆桒悉迦羅八 波唎輸底九 達磨底十 伽迦娜十一 薩訶某特迦底十二
薩婆婆毗輸底十三 摩訶娜耶十四 波唎婆唎莎訶十五
尒時有九十九姟佛等一時同聲說是无量壽宗要經陁羅尼曰 南謨薄伽勃底一
阿波唎蜜哆二 阿喻紇硯娜三 須毗你悉指陁四 囉佐耶五 怛他羯他耶六 怛姪他唵七 薩婆桒
悉迦羅八 波唎輸底九 達磨底十 伽迦娜十一 莎訶某特迦底十二 薩婆婆毗輸底十三 摩訶娜
耶十四 波唎婆唎莎訶十五
尒時復有一百四姟佛一時同聲說是无量壽宗要經陁羅尼曰 南謨薄伽勃底一 阿
波唎蜜哆二 阿喻紇硯娜三 須毗你悉指陁四 囉佐耶五 怛他羯他耶六 怛姪他唵七 薩婆桒悉迦羅八
波唎輸底九 達磨底十 伽迦娜十一 莎訶某特迦底十二 薩婆婆毗輸底十三 摩訶娜耶十四 波唎婆唎莎訶
尒時復有七姟佛一時同聲說是无量壽宗要經陁羅尼曰 南謨薄伽勃底一 阿波唎
蜜哆二 阿喻紇硯娜三 須毗你悉指陁四 囉佐耶五 怛他羯他耶六 怛姪他唵七 薩婆桒悉迦羅八 波
唎輸底九 達磨底十 伽迦娜十一 薩訶某特迦底十二 薩婆婆毗輸底十三 摩訶娜耶十四 波唎婆唎莎訶
尒時復有六十五姟佛一時同聲說是无量壽宗要經陁羅尼曰 南謨薄伽勃底一 阿
波唎蜜哆二 阿喻紇硯娜三 須毗你悉指陁四 囉佐耶五 怛他羯他耶六 怛姪他唵七 薩婆桒悉迦羅八
波唎輸底九 達磨底十 伽迦娜十一 莎訶某特迦底十二 薩婆婆毗輸底十三 摩訶娜耶十四 波唎婆唎莎訶十五
尒時復有五十五姟佛一時同聲說是无量壽宗要經陁羅尼曰 南謨薄伽勃底一 阿波

尒時復有五十五姟佛一時同聲說是无量壽宗要經陁羅尼曰 南謨薄伽勃底一 阿波
唎蜜哆二 阿喻紇硯娜三 須毗你悉指陁四 囉佐耶五 怛他羯他耶六 怛姪他唵七 薩婆桑悉迦囉八 波
唎輸底九 達磨底十 伽迦娜十一 莎訶某特迦底十二 薩婆婆毗輸底十三 摩訶娜耶十四 波唎婆唎莎訶十五
尒時復有四十五姟佛一時同聲說是无量壽宗要經陁羅尼曰 南謨薄伽勃底一 阿
波唎蜜哆二 阿喻紇硯娜三 須毗你悉指陁四 囉佐耶五 怛他羯他耶六 怛姪他唵七 薩婆桑悉迦囉八
波唎輸底九 達磨底十 伽迦娜十一 莎訶某特迦底十二 薩婆婆毗輸底十三 摩訶娜耶十四 波唎婆唎莎訶十五
尒時復有三十六姟佛一時同聲說是无量壽宗要經陁羅尼曰 南謨薄伽勃底一 阿波
唎蜜哆二 阿喻紇硯娜三 須毗你悉指陁四 囉佐耶五 怛他羯他耶六 怛姪他唵七 薩婆桑悉迦囉八 波唎輸
底九 達磨底十 伽迦娜十一 莎訶某特迦底十二 薩婆婆毗輸底十三 摩訶娜耶十四 波唎婆唎莎訶十五
尒時復有二十五姟佛一時同聲說是无量壽宗要經陁羅尼曰 南謨薄伽勃底一 阿
波唎蜜哆二 阿喻紇硯娜三 須毗你悉指陁四 囉佐耶五 怛他羯他耶六 怛姪他唵七 薩婆桑悉迦囉八 波
唎輸底九 達磨底十 伽迦娜十一 莎訶某特迦底十二 薩婆婆毗輸底十三 摩訶娜耶十四 波唎婆唎莎訶十五
尒時復有恒河沙姟佛一時同聲說是无量壽宗要經陁羅尼曰 南謨薄伽勃底一 阿波唎蜜哆
阿喻紇硯娜三 須毗你悉指陁四 囉佐耶五 怛他羯他耶六 怛姪他唵七 薩婆桑悉迦囉八 波唎輸底九 達磨底
伽迦娜十一 莎訶某特迦底十二 薩婆婆毗輸底十三 摩訶娜耶十四 波唎婆唎莎訶十五
善男子若有自書寫教人書寫是无量壽宗要經如其人命盡復得長壽而滿年陁

娜耶十四 波唎婆唎莎訶十五 若有自書寫教人書寫是无量壽宗要經讀誦受持畢竟不墮
地獄在在所生得宿命智陀羅尼曰 南謨薄伽勃底一 阿波唎蜜多二 阿喻紇硯娜三 須毗你悉指陀四
囉佐耶五 怛他羯他耶六 怛姪他唵七 薩婆桑悉迦羅八 波唎輸底九 達磨底十 伽迦娜十一 莎訶某特迦底
薩婆婆毗輸底十三 摩訶娜耶十四 波唎婆唎莎訶十五 若有自書寫教人書寫是无量壽宗要經
受持讀誦如同書寫八万四千一切經典陀羅尼曰 南謨薄伽勃底一 阿波唎蜜多二 阿喻紇硯娜
須毗你悉指陀四 囉佐耶五 怛他羯他耶六 怛姪他唵七 薩婆桑悉迦羅八 波唎輸底九 達磨底十 伽迦
娜十一 莎訶某特迦底十二 薩婆婆毗輸底十三 摩訶娜耶十四 波唎婆唎莎訶十五
若有自書寫教人書寫是无量壽宗要即是書寫八万四千部建立廟塔陀羅尼曰
南謨薄伽勃底一 阿波唎蜜多二 阿喻紇硯娜三 須毗你悉指陀四 囉佐耶五 怛他羯他耶六 怛姪
他唵七 薩婆桑悉迦羅八 波唎輸底九 達磨底十 伽迦娜十一 莎訶某特迦底十二 薩婆婆毗輸
底十三 摩訶娜耶十四 波唎婆唎莎訶十五 若有自書寫教人書寫是无量受宗要經
能消五无間等一切重罪陀羅尼曰 南謨薄伽勃底一 阿波唎蜜多二 阿喻紇硯娜三 須毗
你悉指陀四 囉佐耶五 怛他羯他耶六 怛姪他唵七 薩婆桑悉迦羅八 波唎輸底九 達磨底十一 伽迦娜
莎訶某特迦底十二 薩婆婆毗輸底十三 摩訶娜耶十四 波唎婆唎莎訶十五
若有自書寫教人書寫是无量壽宗要經受持讀誦設有重罪猶如須弥盡
能除滅陀羅尼曰 南謨薄伽勃底一 阿波唎蜜多二 阿喻你紇硯娜三 須毗你悉指陀四 囉佐

若有自書寫教人書寫是无量壽宗要經受持讀誦設有重罪猶如須弥盡
能除滅陁羅尼曰 南謨薄伽勃底一 阿波唎蜜哆二 阿俞你纥硯娜三 須毗你悉指陁四 羅佐
耶五 怛他羯他耶六 怛姪他唵七 薩婆桒悉迦羅八 波唎輸底九 達磨底十 伽迦娜十一 莎訶其特迦
底十二 薩婆婆毗輸底十三 摩訶娜耶十四 波唎婆唎莎訶十五 若有自書寫教人書寫
是无量壽宗要經受持讀誦若魔子之眷屬夜叉羅刹不得其便終无枉
死陁羅尼曰 南謨薄伽勃底一 阿波唎蜜哆二 阿喻纥硯娜三 須毗你悉指指陁四 羅佐耶五 怛他
羯他耶六 怛姪他唵七 薩婆桒悉迦羅八 波唎輸底九 達磨底十 伽迦娜十一 莎訶其特迦底十二
薩婆婆毗輸底十三 摩訶娜耶十四 波唎婆唎莎訶十五 若有自書寫教人書寫是无
量壽宗要經受持讀誦當命終時有九十九姟佛現其人蒙千佛授手能遊一切佛
刹莫於此經生於疑惑陁羅尼曰 南謨薄伽勃底一 阿波唎蜜哆二 阿俞纥硯娜三 須毗
你悉指陁四 羅佐耶五 怛他羯他耶六 怛姪他唵七 薩婆桒悉迦羅八 波唎輸底九 達磨底十
伽迦娜十一 莎訶其特迦底十二 薩婆婆毗輸底十三 摩訶娜耶十四 波唎婆唎莎訶十五
若有自書寫教人書寫是无量壽宗要經受持讀誦常得四天大王隨其護
衛陁羅尼曰 南謨薄伽勃底一 阿波唎蜜哆二 阿俞纥硯娜三 須毗你悉指陁四 羅佐耶五
怛他羯他耶六 怛姪他唵七 薩婆桒悉迦羅八 波唎輸底九 達磨底十 伽迦娜十一 莎訶其特迦底
薩婆婆毗輸底十三 摩訶娜耶十四 波唎婆唎莎訶十五 若有自書寫教人書寫是无量

娑桒悉迦囉八 波唎輸底九 達磨底十 伽迦娜十一 莎訶某特迦底十二 薩婆婆毗輸底十三 摩
訶娜耶十四 波唎婆唎莎訶十五 若有自書寫使人書寫是无量壽宗要經典之處則
為是塔皆應恭敬作礼若是畜生或為鳥獸得是經如是等類皆當不久得成一切
種智陁羅尼曰 南謨薄伽勃底一 阿波唎蜜哆二 阿喻紇硯娜三 須毗你悉指陁四 囉佐耶五 怛
他羯他耶六 怛姪他唵七 薩婆桒悉迦囉八 波唎輸底九 達磨底十 伽迦娜十一 莎訶某特迦底十二
薩婆婆毗輸底十三 摩訶娜耶十四 波唎婆唎莎訶十五 若有於是无量壽經自書寫若使人書
畢竟不受女人之身陁羅尼曰 南謨薄伽勃底一 阿波唎蜜哆二 阿喻紇硯娜三 須毗你悉指
陁四 囉佐耶五 怛他羯他耶六 怛姪他唵七 薩婆桒悉迦囉八 波唎蜜底九 達磨底十 伽迦娜
莎訶某特迦底十二 薩婆婆毗輸底十三 摩訶娜耶十四 波唎婆婆唎莎訶十五
若有能於是經少分能惠施者等於三千大千世界滿中七寶布施陁羅尼曰 南謨薄伽勃
底一 阿波唎蜜哆二 阿喻紇硯娜三 須毗你悉指陁四 囉佐耶五 怛他羯他耶六 怛姪他唵七 薩婆
桒悉迦囉八 波唎輸底九 達磨底十 伽迦娜十一 莎訶某特迦底十二 薩婆婆毗輸底十三 摩訶
娜耶十四 波唎婆唎薩訶十五 若有能供養是經者則是供養一切諸經等无有異陁羅
尼曰 南謨薄伽勃底一 阿波唎蜜哆二 阿喻紇硯娜三 須毗你悉指陁四 囉佐耶五 怛他羯他
耶六 怛姪他唵七 薩婆桒悉迦囉八 波唎輸底九 達磨底十 伽迦娜十一 莎訶某特迦底十二 薩婆
婆毗輸底十三 摩訶娜耶十四 波唎婆唎莎訶十五

BD01134　無量壽宗要經（甲本）

娑毗輸底十三 摩訶娜耶十四 波唎婆唎莎訶十五
如是毗婆尸佛 尸弃佛 毗舍浮佛 俱留孫佛 俱那含牟尼佛 迦葉佛 釋迦牟尼佛
若有人以七寶供養如是七佛 其福无限 書寫受持是无量壽經典 所有功德不
可限量 陁羅尼曰 南謨薄伽勃底一 阿波唎蜜哆二 阿喻紇硯娜三 須毗你悉指陁四 囉佐
耶五 怛他羯他耶六 怛姪他唵七 薩婆桒悉迦羅八 波唎輸底九 達磨底十 伽迦娜十一 莎訶某特迦底
薩婆娑毗輸底十三 摩訶娜耶十四 波唎婆唎莎訶十五 若有七寶等於須弥以用布施 其福上
能知其限量 是无量壽經典 其福不可知數 陁羅尼曰 南謨薄伽勃底一 阿波唎蜜哆二 阿喻紇
硯娜三 須毗你悉指陁四 囉佐耶五 怛他羯他耶六 怛姪他唵七 薩婆桒悉迦囉八 波唎輸底九 達磨底十
伽迦娜十一 莎訶某特迦底十二 薩婆娑毗輸底十三 摩訶娜耶十四 波唎婆唎莎訶十五
如是四大海水可知滴數 是无量壽經典所生果報不可數量 陁羅尼曰 南謨薄伽勃底一
阿波唎蜜哆二 阿喻紇硯娜三 須毗你悉指陁四 囉佐耶五 怛他羯他耶六 怛姪他唵七 薩婆桒悉
迦囉八 波唎輸底九 達磨底十 伽迦娜十一 莎訶某特迦底十二 薩婆娑毗輸底十三 摩訶娜耶
波唎婆唎莎訶十五 若有自書使人書寫是无量壽經典 又能讀持供養 即如恭敬
供養一切十方佛土如來无有別異 陁羅尼曰 南謨薄伽勃底一 阿波唎蜜哆二 阿喻紇硯娜三
須毗你悉指陁四 囉佐耶五 怛他羯他耶六 怛姪他唵七 薩婆桒悉迦囉八 波唎輸底九 達磨底
伽迦娜十一 莎訶某特迦底十二 薩婆娑毗輸底十三 摩訶娜耶十四 波唎婆唎莎訶十五

持戒力能成正覺　悟持戒力人師子　持戒力能聲普聞　慈悲階漸最能入

忍辱力能成正覺　悟忍辱力人師子　忍辱力能聲普聞　慈悲階漸最能入

精進力能成正覺　悟精進力人師子　精進力能聲普聞　慈悲階漸最能入

禪定力能成正覺　悟禪定力人師子　禪定力能聲普聞　慈悲階漸最能入

智慧力能成正覺　悟智慧力人師子　智慧力能聲普聞　慈悲階漸最能入

尒時如來說是經已一切世間天人阿脩羅揵闥婆等聞佛所說皆大歡喜

信受奉行

佛說无量壽宗要經卷

BD01135 長阿含經卷一八

（後秦）佛陀耶舍 竺佛念 譯

364.1cm × 25.3cm

…流璃根枝水精華…珠樹者赤珠根
枝馬腦華寶馬腦樹者馬腦根枝赤珠華寶
車渠樹者車渠根枝衆寶華實又其池底金
沙布散遶池周匝有七寶階道金陛銀蹬銀
陛金蹬水精陛流璃蹬流璃陛水蹬精赤珠
陛馬腦蹬馬腦陛赤珠蹬車渠陛衆寶蹬陜
陛兩邊有寶蘭楯又其池中生四種華青黄
赤白衆色衆間華如車輪根如車轂華根出
汁色白如乳味甘如蜜遶池四面有衆寶觀
叢林浴池生種種華樹木清涼華菓豐茂无
數衆鳥相和而鳴出復如是善住鳥王念欲
遊戲入池浴時即念八千鳥王時八千鳥王

王所於是[illegible]
千象至摩陀池其諸象中有象王持蓋者
有執寶扇〻象王者中有作唱伎樂前導從者
時善住象王入池洗浴作倡伎樂共相娛樂或
有象為象王洗鼻者或有洗口洗頭洗牙洗耳
洗腹洗背洗尾洗足者中有拔華根洗之与
王食者中有取四種華散三上者尒時善住
象王洗浴飲食相娛樂已即出岸上向善住
樹立其八千象然後各自入池洗浴飲食共
相娛樂已還出至象王所時象王從八千
象前後導從至善住樹王所中有持蓋覆象
者王有執寶扇〻象王者中有作倡伎樂在
前導者時善住象王詣樹王已坐臥行步進

前集者時善住象王諸樹王已坐臥行步隨
意所遊餘八千象亦自在樹下坐臥行步隨
意所遊其樹林中有圍八尋者有圍九尋十
五尋者唯善住象王娑羅樹王圍十六尋其
千娑羅樹枝葉隨落時清風遠吹置於林外
又八千象大小便時諸夜叉鬼除之林外佛
告諸比丘善住象王有大神力功德如是雖爲
畜生果報如是

欝單曰品第二

佛告比丘欝單曰天下多有諸山其彼山側
有諸園觀浴池生衆雜華樹木清涼華菓豐
茂无數衆鳥相和而鳴又其山中多衆流水

濡草槃縈右旋色如孔翠香如婆師濡若天
衣其地柔濡以足蹈地〻凹四寸舉足還復地
平如掌无有高下比丘彼欝單曰土四面
有四阿耨達池各縱廣百由旬其水澄清无
有垢穢以七寶塹廁砌其邊乃至无數衆鳥
相和悲鳴相摩阤达池嚴飾无異彼四大池
各出四大河廣十由旬其水洋順无有卒暴
衆華覆上汎〻徐流挾岸邊多衆樹木枝條
柔弱華菓繁熾地生濡草槃縈右旋色如孔
翠香猶婆師濡若天衣其地濡以足蹈地〻
凹四寸舉足還復地平如掌无有高下又彼
土地无有溝澗坑坎荊棘株杌亦无蚊虻蚖

土地无有溝澗坑坎荊蕀株杌亦无蚊虻蚖
虵蜂蝎虎豹惡獸地純衆寶无有瓦沙陰陽
調柔四氣和順不寒不熱无衆惱患其地潤
澤塵穢不起如油塗地无有遊塵石草常生
无有冬夏樹木繁茂華菓熾盛地生濡草槃
縈右旋色如孔翠香婆師濡若天衣其地
柔濡以足蹈地地凹四寸舉足還地平如
掌无有高下其土常有自然粳米不種自生
无有糠糩如白華聚猶切利天食衆味具足
其土常有自然釜鍑有摩尼珠名日炎光置於
鍑下飯熟光滅不假樵火不勞人功其土出
樹名日曲躬葉葉相次天雨不漏彼諸男女

嚴身之具其樹或高六十
里或五十卅極小高五里皆華菓繁茂其菓
熟時皮殼自裂自然香出復有衣樹高七十
里華菓繁茂其菓熟時殼自然出種種衣
其樹或高六十里五十四十極小高五里皆
華菓繁茂出種種衣復有莊嚴樹高七十里
華菓繁茂其菓熟時皮殼自裂出種種嚴身
之具其樹或高六十里五十卅里極小高五
里皆華菓繁茂出種種嚴身之具復有華鬘
樹高七十里華菓繁茂其菓熟時皮殼自然
出種種鬘樹或高六十里五十卅里極小高
五里各皆華菓繁茂出種種鬘復有器樹高
七十里華菓繁茂其菓熟時皮殼自裂出種

七十里華菓繁茂其菓熟時破啟自然出種
〻器其樹或高六十里五十卌拯小高五里
皆華菓繁茂出種〻器復有藥樹高七十里
華菓繁茂其菓熟時皮啟自然出種〻菓樹
或高六十里五十卌拯小高五里皆華菓繁
茂出種〻菓復有衆器樹高七十里華菓繁
茂其菓熟時皮啟自然出種〻衆器其樹或
高六十里五卌十拯小高五里皆華菓繁茂
出種〻衆器其土有池名曰善見縱廣百由
旬其水清澄无有垢穢以七寶塹廁砌其邊
遶池四面有七重蘭楯七重羅網七重行樹
亦无至數衆鳥相和而鳴亦復如是其善見

華四周遍五十[illegible]
一由旬其水徐流无有迴曲種種雜華覆蔽
水上俠岸端直樹木繁茂枝條柔弱華菓熾
盛地生濡草槃縈右旋色如孔翠香如婆師
濡若天衣其地柔濡足蹈地時地凹四寸舉
足還復地平如掌无有高下又其河中有衆
寶船彼方人民欲入中洗浴遊戲時脱衣岸
上乘船中流遊戲娛樂訖已渡水遇衣便着
先出先着後出後着不求本衣次至香樹香
爲曲躬其人手取種種雜香以自塗身次到
衣樹樹爲曲躬其人手取種種雜衣隨意所
着衣到莊嚴樹樹爲曲躬其人手取種種莊
嚴以自嚴飾次到器樹曲樹躬其人手取

BD01135　長阿含經卷一八

衆以自衆觴次到觴樹曲樹射其人手取
種々雜觴以著上次到器樹々為曲射其
人手取種々寶器取寶器已次到菓樹々為
曲射其人手取種々美菓或食者或口含者
或壓汁飲者次到樂器樹々為曲射其人手
取種々樂器調絃鼓之並以妙聲和弦而行
詣於薗林隨意娛樂或一日二日至于七日
然後復去无有乏處善見池南出妙體河善
見池西出妙味河善見池北出光影河之復
如是善見池東有薗林名善見縱廣百由旬
遶薗四邊有七重欄楯七重羅網七重行樹
雜色間廁七寶所成其薗四面有四大門周

平正无有溝澗坑坎陵阜亦无蚊虻蚖
虵蜂蝎𧆞狼惡獸地純衆寶无有石沙陰陽
調柔四氣和順不寒不熱无衆惱患其地潤
澤无有塵穢如由塗地遊塵不起百草常生
无有冬夏樹木繁茂菓華熾盛地生濡草槃
縈右旋色如孔翠香如婆師濡若天衣其地
柔濡足蹈地時地凹四寸舉足還復其土常
生自然粳米无有糠糩如白華聚衆味具足
如忉利天食其土常有自然釜鍑有摩尼珠
名曰炎光置於鍑下飯熟光滅不假樵火不
勞人功其土有樹名曰曲躬葉葉相次天雨
不漏使諸男女止宿其下復有樹高七十里
華菓繁茂其菓熟時皮殼自然出種種香樹
有高六十里五十里至高五里華菓繁茂出

華菓繁茂其菓熟時皮殼自然出種々香樹
有高六十里五十卅至高五里華菓繁茂出
種々香乃至衆器樹亦復如是其土人民至
彼園中遊戲娛樂一日二日至于七日其善
見園无人守護隨意遊戲然後復去善見池
南有園林名大善々見々池西有園林名日
娛樂善見池北有園林名日等華亦復如是
其土中夜後夜阿耨達龍王數々隨時起清
淨雲周遍世界而降甘雨如搆牛頃以八味
水潤澤普洽水不不留亭地无泥洹猶如鬘師
以水灑華使不萎枯潤澤鮮明彼土於中
夜後无有雲翳空中清明海出涼風清淨柔
和微吹人身舉體快樂其土豐饒人民熾盛
設須食時以自然粳米著於釜中以焰光珠

置米釜下飯自然熟珠光自滅諸有飢者自
就食之其主不起飯終不盡若其主起飯則
盡賜其飯鮮潔如白華聚其味具足如忉利
天食彼食此飯无有衆病氣力充足顔色和
悅无有衰耗又其土人身體相類顔貌同等
不可分別其狀少壯如閻浮提廿許人其人
口齒平正潔白密緻无間髮紺青色无有塵
垢髮垂八指齊眉而止不長不短若其土人
起欲心時則熟視女人而捨之去彼女隨後
往詣園林若彼女人是彼男子父親母親骨
宍中表不應行欲者樹不曲蔭各自散去若
非父親母親骨宍中表應行欲者樹則曲躬
迴蔭其身隨意娛樂一日二日或至七日尒
乃散去彼人懷任七日八日便產隨生男女

乃穀出彼人懷任七日八日便產隨生男女
置於四衢大交道頭捨之而去諸有行人過
過其邊出指含嗍指出甘乳充遍兒身過七
日其兒長成与彼人等男向男衆女向女衆
彼人終命不相哭泣莊嚴死尸置四衢道捨
之而去有鳥名憂慰禪伽接彼死尸置於他
方又其土人大小便時地即為開便利訖已
地還自合其土人民无有繫戀亡无畜積壽
命常定死盡生天彼之何故壽命常定其人
前世循十善行身懷命終生鬱單日壽命千
歲不壞不減是故彼人壽命定等復次殺生
者墮惡趣不殺者生善趣如是竊盜邪婬兩
舌惡口妄言綺語貪恚嫉妬邪見者隨惡趣

不兩舌不惡口妄言綺語不貪取嫉妬邪見身
壞命終生欝單曰壽命千歲不增不減是故
彼人壽命正復等決應捨身不能施惠死
隨惡道閉心不捨能為施惠者則生善處有
人施沙門婆羅門及施貧窮乞兒疾病困苦
者給其衣服飲食乘輿華鬘塗香牀榻房舍
又造立塔廟燈燭供養其人身壞命終生欝
單曰壽命千歲不增不減是故彼人壽命正
等何故稱欝單曰為勝其土、人民不受十
善舉動自然與十善合身壞命終生天善處
是故彼人得稱為勝欝々單々曰々者其義
云何於三天下其土最上最勝故名欝々單
々曰々秦言最上

乙日乙秦言第上

佛說長阿含第四分世記經轉輪聖王品第三

佛告比丘世間有轉輪聖王成就七寶有四
神德云何轉輪聖王成就七寶一金輪寶二
白象寶三紺馬寶四神珠寶五玉女寶六居
士寶七主兵寶云何轉輪聖王金輪寶成就
若轉輪聖王出閻浮提地刹利水澆頭種以
十五日月滿時沐浴香湯上高殿上與婇女
衆共相娛樂天金輪寶忽現在前輪有千輻
其光色具足天金所成天匠所造非世所有
輪徑丈四轉輪聖王見已黙自念言我曾從
先宿諸舊聞如是語若刹利王水澆頭種以
十五日月滿時沐浴香湯昇法殿上婇女圍

天匠所造非世所有是則名為轉
輪聖王今此輪現將无是耶今我寧可試此
輪寶時轉輪王即召四兵向金輪寶偏露右
臂右膝著地以右手摩捫金輪語言汝向東
方如法而轉勿違常則輪即東輪時轉輪王

BD01136 無量壽宗要經（甲本）

BD01136v 藏文雜寫

186cm × 32cm

大乘无量壽經
如是我聞一時薄伽梵在舍衛國祇樹給孤獨園與大苾芻僧千二百五十人大菩薩摩訶薩衆
俱同會坐尒時世尊告曼殊室利童子曼殊上方有世界名无量功德聚彼土有佛号
无量智決定王如來阿耨多羅三藐三菩提現為衆生開示說法曼殊室利聽南閻
浮提人皆短壽大限百年於中殀枉横死者衆曼殊如是无量壽如來功德名稱法要
若有衆生得聞名号若自書或使人書能為經卷受持讀誦於舍宅所住之處以
種種花鬘瓔珞塗香末香而為供養如其命盡復得延年滿足百歲如是曼殊若有衆
生得聞是无量壽智決定王如來一百八名号者益其長壽若有衆生大命將盡憶念
是如來名号更得增壽如是曼殊若有善男子善女人欲求長命於是无量壽如來
百八名号有得聞者或自書使人書受持讀誦得如是等果報福德具足陀羅尼曰
南謨薄伽勒底 阿波唎蜜哆 阿喻紇硯娜 須毗你悉指陀 囉佐耶 怛他羯他耶 怛姪他唵 薩婆桑
悉迦羅 波唎輸底 達磨底 伽迦娜 莎訶莫持迦底 薩婆婆毗輸底 摩訶娜耶 波唎婆唎
莎訶 世尊復告曼殊室利如是如來一百八名号若有自書或使人書為經卷受持讀
誦如壽命盡復滿百年壽終此身後得往生无量福智世界无量壽淨土陀羅尼曰
南謨薄伽勒底 阿波利蜜多 阿喻紇硯娜 須毗你悉指陀 羅佐耶 怛他揭他耶 怛姪他唵 薩婆桑

南謨薄伽勃底　阿波唎蜜哆　阿喻紇硯娜　須毗你悉指陀　囉佐耶　怛他羯他耶　怛姪他唵　薩
婆桑悉迦囉　波唎輸底　達磨底　伽迦娜　莎訶其特迦底　莎婆婆毗輸底　磨訶娜耶　波
唎婆唎莎訶　　尒時有九十九姟佛一時同聲說是无量壽宗要經陁羅尼曰
南謨薄伽勃底　阿波唎蜜哆　阿喻紇硯娜　須毗你悉指陀　囉佐耶　怛他羯他耶　怛姪他唵
薩婆桑悉迦羅　波唎輸底　達磨底　伽迦娜　莎訶其特迦底　莎婆婆毗輸底　摩
訶娜耶　波唎婆唎莎訶　　尒時復有一百四姟佛一時同聲說是无量壽宗要經陁羅尼曰
南謨薄伽勃底　阿波唎蜜哆　阿喻紇硯娜　須毗你悉指陀　囉佐耶　怛他羯他耶　怛姪他唵
薩婆桑悉迦羅　波唎輸底　達磨底　伽迦娜　莎訶其特迦底　磨訶娜耶　波唎婆唎
莎訶　　尒時有七姟佛一時同聲說是无量壽宗要經陁羅尼曰　　南謨薄伽勃底　阿波
唎蜜哆　阿喻紇硯娜　須毗你悉指陀　囉佐耶　怛他羯他耶　怛姪他唵　薩婆桑悉迦囉　波唎
輸底　達磨底　伽迦娜　莎訶其特迦底　薩婆婆毗輸底　摩訶娜耶　波唎婆唎莎訶
尒時有六十五姟佛一時同聲說是无量壽宗要經陁羅尼曰　　南无薄伽勃底
阿波唎蜜哆　阿喻紇硯娜　須毗你悉指陀　囉佐耶　怛他羯他耶　怛姪他唵　薩婆桑悉迦囉
波唎輸底　達磨底　伽迦娜　莎訶其特迦底　薩婆婆毗輸底　摩訶娜耶　波唎婆唎莎訶
尒時復有五十五姟佛一時同聲說是无量壽宗要經陁羅尼曰　　南謨薄伽勃底
阿波唎蜜哆　阿喻紇硯娜　須毗你悉指陀　囉佐耶　怛他羯他耶　怛姪他唵　薩婆桑悉迦囉　波唎輸

阿波唎蜜哆 阿喻紇硯娜 須毗你失指陁 囉佐耶 怛他羯他耶 怛姪他唵 薩婆桑悉迦羅 波唎輸
底 達磨底 伽迦娜 莎訶某特迦底 薩婆娑毗輸底 摩訶娜耶 波唎娑羅莎訶
介時復有卌五姟佛一時同聲說是无量壽宗要經陁羅尼曰 南謨薄伽勃底
阿波唎蜜哆 阿喻紇硯娜 須毗你失指陁 囉佐耶 怛他羯他耶 怛姪他唵 薩婆桑悉迦羅
波唎輸底 達磨底 伽迦娜 莎訶某特伽底 薩婆娑毗輸底 摩訶娜耶 波唎娑羅莎訶
介時復有三十六姟佛一時同聲說是无量壽宗要經陁羅尼曰 南謨薄伽勃底
阿波唎蜜哆 阿喻紇硯娜 須毗你失指陁 囉佐耶 怛他羯他耶 怛姪他唵 薩婆桑悉迦羅
波唎輸底 達摩底 伽迦娜 莎訶某特迦底 薩婆娑毗輸底 摩訶娜耶 波唎娑羅莎訶
介時有二十五姟佛一時同聲說是无量壽宗要經陁羅尼曰 南无薄伽勃底 阿波唎
蜜哆 阿喻紇硯娜 須毗你失指陁 囉佐耶 怛他羯他耶 怛姪他唵 薩婆桑悉迦羅 波唎輸
底 達磨底 伽迦娜 莎訶某特迦底 薩婆娑毗輸底 摩訶娜耶 波唎娑羅莎訶
介時復有恒河沙姟佛一時同聲說是无量壽宗要經陁羅尼曰 南无薄伽勃底 阿波
唎蜜哆 阿喻紇硯娜 須毗你失指陁 囉佐耶 怛他羯他耶 怛姪他唵 薩婆桑悉迦羅
波唎輸底 達磨底 伽迦娜 莎訶某特迦底 薩婆娑毗輸底 摩訶娜耶 波唎娑羅莎訶
善男子若有自書寫教人書寫是无量壽宗要經如其命盡復得長壽滿百年陁羅尼曰
南謨薄伽勃底 阿波唎蜜哆 阿喻紇硯娜 須毗你失指陁 囉佐耶 怛他羯他耶 怛姪他唵 薩婆

南謨薄伽勃底　阿波唎蜜多　阿爺紇硯娜　須毗你悉指陀　囉佐耶　怛他羯他耶　怛姪他唵　薩婆
桒悉迦羅　波唎輸底　達磨底　伽迦娜　莎訶莫持迦底　薩婆婆毗輸底　摩訶娜耶　波
唎婆囉莎訶　若有自書寫教人書寫是无量壽宗要經讀誦受持畢竟不墮地獄在
在所生得宿命智陁羅尼　南謨薄伽勃底　阿波唎蜜多　阿爺紇硯娜　須毗你悉指陀　囉佐耶
怛他羯他耶　怛姪他唵　薩婆桒悉迦羅　波唎輸底　達摩底　伽迦娜　莎訶莫持迦底　薩婆婆毗
輸底　摩訶娜耶　波唎婆囉莎訶　若有自書教人書寫是无量壽宗要經受持讀誦如自書
寫八万四千一切經典陁羅尼曰　南謨薄伽勃底　阿波唎蜜多　阿爺紇硯娜　須毗你悉指陀
囉佐耶　怛他羯他耶　怛姪他唵　薩婆桒悉迦羅　波唎輸底　達摩底　伽迦娜　莎訶莫持迦底
薩婆婆毗輸底　摩訶娜耶　波唎婆唎莎訶　若有自書寫教人書寫是无量壽宗要經即是
書寫八万四千部建立塔廟陁羅尼曰　南謨薄伽勃底　阿波唎蜜多　阿爺紇硯娜　須毗你悉指陀
囉佐耶　怛他羯他耶　怛姪他唵　薩婆桒悉迦羅　波唎輸底　達磨底　伽迦娜　薩訶莫持迦底　薩
婆婆毗輸底　摩訶娜耶　波唎婆囉莎訶　若有自書寫教人書寫是无量壽宗要經能消
五无間等一切重罪陁羅尼曰　南无薄伽勃底　阿波唎蜜多　阿爺紇硯娜
須毗你悉指陀　囉佐耶　怛他羯他耶　怛姪他唵　薩婆桒悉迦羅　波唎輸底　達摩底　伽迦娜
薩訶莫持迦底　薩婆婆毗輸底　摩訶娜耶　波唎婆唎莎訶
若有自書寫教人書寫是无量壽宗要受持讀誦設有重罪猶如須弥盡能除滅陁羅尼曰

若有自書寫教人書寫是无量壽宗要受持讀誦設有重罪猶如須弥盡能除滅陁羅尼曰
南謨薄伽勃底 阿波唎蜜多 阿喻紇硯娜 須毗你悉指陁 囉佐耶 怛他羯他耶 怛姪他唵 薩婆桑悉
迦羅 波唎輸底 達磨底 伽迦娜 莎訶某特迦底 薩婆婆毗輸底 摩訶娜耶 波唎婆囉莎訶
若有自書寫教人書寫是无量壽宗要經受持讀誦若魔魔之眷屬夜叉羅刹不得其便終无枉
死陁羅尼曰 南謨薄伽勃底 阿波唎蜜多 阿喻紇硯娜 阿喻紇硯娜 須毗你悉指陁 囉佐耶
怛他羯他耶 怛姪他唵 薩婆桑悉迦羅 波唎輸底 達磨底 伽迦娜 莎訶某特迦底 薩婆婆毗輸
底 摩訶娜耶 波唎婆囉莎訶 若有自書寫教人書寫是无量壽宗要經受持讀誦當命
終時有九十九俱胝佛現其人前來千佛授手能遊一切佛刹莫於此經生於疑惑陁羅尼曰
南謨薄伽勃底 阿波唎蜜多 阿喻紇硯娜 須毗你悉指陁 囉佐耶 怛他羯他耶 怛姪他唵 薩婆桑
迦羅 波唎輸底 達磨底 伽迦娜 莎訶某特迦底 薩婆婆毗輸底 摩訶娜耶 波唎婆囉莎訶
若有自書寫教人書寫是无量壽宗要經受持讀誦常得四大天王隨其衛護陁羅尼曰
南謨薄伽勃底 阿波唎蜜多 阿喻紇硯娜 須毗你悉指陁 囉佐耶 怛他羯他耶 怛姪他唵 薩婆桑悉迦羅
波唎輸底 達磨底 伽迦娜 莎訶某特迦底 薩婆婆毗輸底 摩訶娜耶 波唎婆囉莎訶
若有自書教人書寫是无量壽宗要經受持讀誦當得往生西方極樂世界阿弥陁淨土陁羅尼曰
南謨薄伽勃底 阿波唎蜜多 阿喻紇硯娜 須毗你悉指陁 囉佐耶 怛他羯他耶 怛姪他唵 薩婆桑悉
迦羅 波唎輸底 達磨底 伽迦娜 莎訶某特迦底 薩婆婆毗輸底 摩訶娜耶 波唎婆囉莎訶

迦羅　波唎輸底　達磨底　伽伽娜　莎訶其特迦底　薩婆婆毗輸底　摩訶娜耶　波唎婆唎莎訶

若有方所自書寫使人書寫是無量壽經典之處則為是塔廟應恭敬作礼若是畜生或為

鳥獸得聞是經如是等類皆當不久得成一切種智陀羅尼曰　南謨薄伽勃底　阿波唎蜜

哆　阿喻紇硯娜　須毗你悉指陁　囉佐耶　怛他羯他耶　怛姪他唵　薩婆桑悉迦羅　波唎輸底　達磨

底　伽伽娜　莎訶其特迦底　莎婆婆毗輸底　摩訶娜耶　波唎婆唎莎訶

若有於是無量壽經自書寫若使人書寫畢竟不受女人之身陀羅尼曰　南無薄伽勃底

阿波唎蜜哆　阿喻紇硯娜　須毗你悉指陁　囉佐耶　怛他羯他耶　怛姪他唵　薩婆桑悉迦羅　波唎輸底

達磨底　伽伽羅　莎訶其特迦底　薩婆婆毗輸底　摩訶娜耶　波唎婆唎莎訶

若有能於是經少分能惠施者等於三千大千世界滿中七寶布施陀羅尼曰

南謨薄伽勃底　阿波唎蜜哆　阿喻紇硯娜　須毗你悉指陁　囉佐耶　怛他羯他耶　怛姪他唵　薩婆桑悉

波唎輸底　達磨底　伽伽娜　莎訶其特迦底　莎婆婆毗輸底　摩訶娜耶　波唎婆唎莎訶

若有能供養經者則是供養一切諸經等無有異陀羅尼曰　南謨薄伽勃底　阿波唎蜜

哆　阿喻紇硯娜　須毗你悉指陁　囉佐耶　怛他羯他耶　怛姪他唵　薩婆桑悉迦羅　波唎輸底　達磨底

伽伽娜　莎訶其特迦底　薩婆婆毗輸底　摩訶娜耶　波唎婆唎莎訶

如是毗婆尸佛　尸棄佛　毗舍浮佛　俱留孫佛　俱那含牟尼佛　迦葉佛　釋迦牟尼佛

若有人以七寶供養如是七佛其福有限書寫受持是無量壽經典所有功德不可限量陀羅尼曰

若有人以七寶供養如是七佛其福有限書寫受持是无量壽經典所有功德不可限量陀羅尼曰

南謨薄伽勃底 阿波利蜜多 阿喻紇硯娜 須毗你悉指陀 囉佐耶 怛他羯他耶 怛姪他唵 薩婆桑悉迦羅

波利輸底 達磨底 伽迦娜 莎訶某特迦底 莎婆婆毗輸底 摩訶娜耶 波唎婆囉莎訶

若有七寶等於須弥以用布施其福上能知其限量是无量壽經典其福不可知數陀羅尼曰

南謨薄伽勃底 阿波利蜜多 阿喻紇硯娜 須毗你悉指陀 囉佐耶 怛他羯他耶 怛姪他唵 薩婆桑悉迦羅

波利輸底 達磨底 伽迦娜 莎訶某特迦底 薩婆婆毗輸底 摩訶娜耶 波唎婆囉莎訶

如是四大海水可知滴數是无量壽經典所生果報不可數量陀羅尼曰

南无薄伽勃底 阿波利蜜多 阿喻紇硯娜 須毗你悉指陀 囉佐耶 怛他羯他耶 怛姪他唵 薩婆桑

悉迦羅 波利輸底 達磨底 伽迦娜 莎訶某特迦底 薩婆婆毗輸底 摩訶娜耶 波唎婆囉莎訶

若有自書使人書寫是无量壽經典又能護持供養即如恭敬供養一切十方佛土如來无有別

異陀羅尼曰

南无薄伽勃底 阿波利蜜多 阿喻紇硯娜 須毗你悉指陀 囉佐耶 怛他羯他耶 怛姪他唵 薩婆桑悉迦

羅 波利輸底 達磨底 伽迦娜 莎訶某特迦底 薩婆婆毗輸底 摩訶娜耶 波唎婆唎莎訶

布施力能成正覺 悟布施力人師子 布施力能聲普聞 慈悲階漸最能入

持戒力能成正覺 悟持戒力人師子 持戒力能聲普聞 慈悲階漸最能入

忍辱力能成正覺 悟忍辱力人師子 忍辱力能聲普聞 慈悲階漸最能入

持戒力能成正覺　悟持戒力人師子

忍辱力能成正覺　悟忍辱力人師子　忍辱力能聲普聞　慈悲階漸最能入

精進力能成正覺　悟精進力人師子　精進力能聲普聞　慈悲階漸最能入

禪定力能成正覺　悟禪定力人師子　禪定力能聲普聞　慈悲階漸最能入

智慧力能成正覺　悟智慧力人師子　智慧力能聲普聞　慈悲階漸最能入

尒時如來說是經已一切世間天人阿脩羅揵闥婆等聞佛所說皆大歡喜信受奉

行

佛說无量壽宗要經

張瀛

BD01136v　藏文雜寫

BD01137 四分比丘尼戒本

（後秦）佛陀耶舍 譯

（唐）懷素 集

36.5cm × 27cm

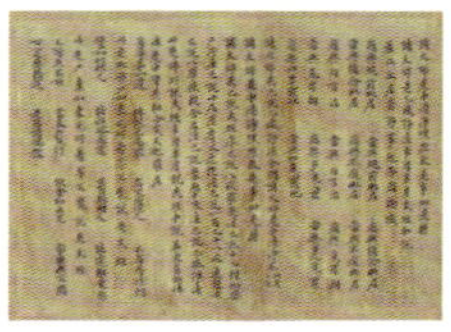

諸大姊是中清淨嘿然故是事如是持
諸大姊是七滅諍法半月半月戒經中說
若比丘尼有諍事起即應除滅
應與現前毗尼　當與現前毗尼　應與憶念毗尼
當與憶念毗尼　應與不癡毗尼　當與不癡毗尼
應與自言治　當與自言治　應與覓罪相
當與覓罪相　應與多覓人罪　當與多人覓罪
應與如草覆地　當與如草覆地
諸大姊我已說七滅諍法今問諸大姊是中清淨不如是三說
諸大姊是中清淨嘿然故是事如是持
諸大姊我已說戒經序已說八波羅夷法已說十七僧伽婆
尸沙法已說卅尼薩耆波逸提法已說一百七十八波逸提法
已說八羅提提舍尼法已說衆學戒法已說七滅諍法
此是佛所說戒經半月半月說戒經中說若更有餘佛

[illegible]

忍辱第一道　佛說无爲最　出家惱他人　不名爲沙門

此是毗婆尸如來无所著等正覺說是戒經

譬如明眼人　能避嶮惡道　世有聰明人　能遠離衆惡

此是尸棄如來无所著等正覺說是戒經

不謗亦不嫉　當奉行於戒　飲食知止足　常樂在空閑

心定樂精進　是名諸佛教

BD01138 妙法蓮華經卷四

（後秦）鳩摩羅什 譯

970.4cm × 26.5cm

得阿耨多羅三藐三菩提盡同一号名曰普
明爾時世尊欲重宣此義而說偈言
憍陳如比丘　當見无量佛　過阿僧祇劫　乃成等
常放大光明　具足諸神通　名聞遍十方　一[illegible]敬
常說无上道　故号為普明　其國土清淨　菩薩皆勇猛
咸昇妙樓閣　遊諸十方國　以无上供具　奉獻於諸佛
作是供養已　心懷大歡喜　須臾還本國　有如是神力
佛壽六万劫　正法住倍壽　像法復倍是　法滅天人憂
其五百比丘　次第當作佛　同号曰普明　轉次而授記
我滅度之後　某甲當作佛　其所化世間　亦如我今日
國土之嚴淨　及諸神通力　菩薩聲聞衆　正法及像法
壽命劫多少　皆如上所說　迦葉汝已知　五百自在者
餘諸聲聞衆　亦當復如是　其不在此會　汝當為宣說
爾時五百阿羅漢於佛前得受記已歡喜踊

躍即從座起到於佛前頭面禮足悔過自責
世尊我等常作是念自謂已得究竟滅度今
乃知之如无智者所以者何我等應得如來
智慧而便自以小智為足世尊譬如有人至
親友家醉酒而卧是時親友官事當行以
无價寶珠繫其衣裏與之而去其人醉卧都
不覺知起已遊行到於他國為衣食故勤力求
索甚大艱難若少有所得便以為足於後親
友會遇見之而作是言咄哉丈夫何為衣食
乃至如是我昔欲令汝得安樂五欲自恣於
某年日月以无價寶珠繫汝衣裏今故現在
而汝不知勤苦憂惱以求自活甚為癡也汝
今可以此寶貿易所須常可如意无所乏短
佛亦如是為菩薩時教化我等令發一切智
心而尋廢忘不知不覺既得阿羅漢道自謂

佛亦如是為菩薩時教化我等令發一切智
心而尋廢忘不知不覺既得阿羅漢道自謂
滅度資生艱難得少為足一切智願猶在不
失今者世尊覺悟我等作如是言諸比丘汝
等所得非究竟滅我久令汝等種佛善根以
方便故示涅槃相而汝謂為實得滅度世尊
我今乃知實是菩薩得受阿耨多羅三藐三
菩提記以是因緣甚大歡喜得未曾有爾時
阿若憍陳如等欲重宣此義而說偈言
我等聞无上　安隱授記聲　歡喜未曾有　礼无量智佛
今於世尊前　自悔諸過咎　於无量佛寶　得少涅槃分
如无智愚人　便自以為足　譬如貧窮人　往至親友家
其家甚大富　具設諸餚饍　以无價寶珠　繫著內衣裏
嘿與而捨去　時臥不覺知　是人既已起　遊行詣他國
求衣食自濟　資生甚艱難　得少便為足　更不願好者

不覺內衣裏　有无價寶珠　與珠之親友　後見此貧人
苦切責之已　示以所繫珠　貧人見此珠　其心大歡喜
富有諸財物　五欲而自恣　我等亦如是　世尊於長夜
常愍見教化　令種无上願　我等无智故　不覺亦不知
得少涅槃分　自足不求餘　今佛覺悟我　言非實滅度
得佛无上慧　尒乃為真滅　我今從佛聞　授記莊嚴事
及轉次受决　身心遍歡喜

妙法蓮華經授學无學人記品第九

尒時阿難羅睺羅而作是念我等每自思惟
設得受記不亦快乎即從座起到於佛前頭
面礼足俱白佛言世尊我等於此亦應有分
唯有如來我等所歸又我等為一切世間天
人阿修羅所見知識阿難常為侍者護持法
藏羅睺羅是佛之子若佛見授阿耨多羅三
藐三菩提記者我願既滿衆望亦足尒時學

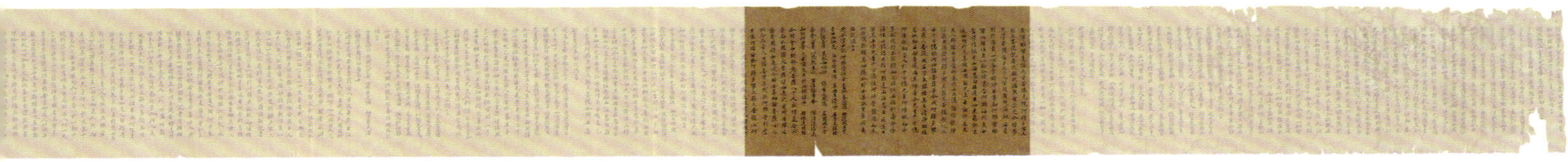

藏羅睺羅是佛之子若佛見授阿耨多羅三
藐三菩提記者我願既滿衆望亦足尒時學
无學聲聞弟子二千人皆從座起偏袒右肩
到於佛前一心合掌瞻仰世尊如阿難羅睺
羅所願住立一面尒時佛告阿難汝於來世
當得作佛号山海慧自在通王如來應供正
遍知明行足善逝世間解无上士調御丈夫
天人師佛世尊當供養六十二億諸佛護持
法藏然後得阿耨多羅三藐三菩提教化二
十千万億恒河沙諸菩薩等令成阿耨多羅
三藐三菩提國名常立勝幡其土清淨瑠璃
爲地劫名妙音遍滿其佛壽命无量千万億
阿僧祇劫若人於千万億无量阿僧祇劫中
筭數交計不能得知正法住世倍於壽命像

[illegible]

佛為十方无量千万億恒河沙等諸佛如來
所共讚歎稱其功德尒時世尊欲重宣此義
而說偈言
我今僧中說　阿難持法者　當供養諸佛　然後成正覺
号曰山海慧　自在通王佛　其國土清淨　名常立勝幡
教化諸菩薩　其數如恒沙　佛有大威德　名聞滿十方
壽命无有量　以愍衆生故　正法倍壽命　像法復倍是
如恒河沙等　无數諸衆生　於此佛法中　種佛道因緣
尒時會中新發意菩薩八千人咸作是念我
等尚不聞諸大菩薩得如是記有何因緣而
諸聲聞得如是決尒時世尊知諸菩薩心之
所念而告之曰諸善男子我與阿難等於空
王佛所同時發阿耨多羅三藐三菩提心阿

[illegible]

王佛所同時發阿耨多羅三藐三菩提心阿
難常樂多聞我常勤精進是故我已得成阿
耨多羅三藐三菩提而阿難護持我法亦護
将来諸佛法藏教化成就諸菩薩衆其本願
如是故獲斯記阿難面於佛前自聞授記及
國土莊嚴所願具足心大歡喜得未曾有即時
憶念過去无量千万億諸佛法藏通達无礙
如今所聞亦識本願尒時阿難而說偈言
世尊甚希有 令我念過去 无量諸佛法 如今日所聞
我今无復疑 安住於佛道 方便為侍者 護持諸佛法
尒時佛告羅睺羅汝於来世當得作佛号蹈
七寶華如来應供正遍知明行足善逝世間
解无上士調御丈夫天人師佛世尊當供養
十世界微塵等數諸佛如来常為諸佛而作

長子猶如今也是蹈七寶華佛國土莊嚴壽命
劫數所化弟子正法像法亦如山海慧自在
通王如來无異亦為此佛而作長子過是已
後當得阿耨多羅三藐三菩提尒時世尊
欲重宣此義而說偈言
我為太子時　羅睺為長子　我今成佛道　受法為法子
於未來世中　見无量億佛　皆為其長子　一心求佛道
羅睺羅密行　唯我能知之　現為我長子　以示諸衆生
无量億千萬　功德不可數　安住於佛法　以求无上道
尒時世尊見學无學二千人其意柔軟寂然清
淨一心觀佛佛告阿難汝見是學无學二千
人不唯然已見阿難是諸人等當供養五十
世界微塵數諸佛如來恭敬尊重護持法藏
末後同時於十方國各得成佛皆同一号
名曰寶相如來應供正遍知明行足善逝世

世界微塵數諸佛如來恭敬尊重護持法藏
末後同時於十方國各得成佛皆同一号
名曰寶相如來應供正遍知明行足善逝世
間解无上士調御丈夫天人師佛世尊壽命
一劫國土莊嚴聲聞菩薩正法像法皆悉同
等介時世尊欲重宣此義而說偈言
是二千聲聞　今於我前住　悉皆與受記　未來當成佛
所供養諸佛　如上說塵數　護持其法藏　後當成正覺
各於十方國　悉同一名号　俱時坐道場　以證无上慧
皆名爲寶相　國土及弟子　正法與像法　悉等无有異
咸以諸神通　度十方衆生　名聞普周遍　漸入於涅槃
介時學无學二千人聞佛授記歡喜踊躍而說
偈言
世尊慧燈明　我聞授記者　心歡喜充滿　如甘露見灌

爾時世尊因藥王菩薩告八萬大士藥王汝
見是大衆中无量諸天龍王夜叉乾闥婆阿
脩羅迦樓羅緊那羅摩睺羅伽人與非人及
比丘比丘尼優婆塞優婆夷求聲聞者求辟
支佛者求佛道者如是等類咸於佛前聞妙
法華經一偈一句乃至一念隨喜者我皆與受
記當得阿耨多羅三藐三菩提佛告藥王又
如來滅度之後若有人聞妙法華經乃至一
偈一句一念隨喜者我亦與受阿耨多羅三
藐三菩提記若復有人受持讀誦解說書
寫妙法華經乃至一偈於此經卷敬視如佛種
種種供養華香瓔珞末香塗香燒香繒蓋幢
幡衣服伎樂乃至合掌恭敬藥王當知是諸人
等已曾供養十萬億佛於諸佛所成就大

幡衣服伎樂乃至合掌恭敬藥王當知是諸人
等已曾供養十万億佛於諸佛所成就大
願愍衆生故生此人間藥王若有人問何等衆
生於未來世當得作佛應示是諸人等於未
來世必得作佛何以故若善男子善女人於
法華經乃至一句受持讀誦解說書寫種種
供養經卷華香瓔珞末香塗香燒香繒蓋幢
幡衣服伎樂合掌恭敬是人一切世間所應
瞻奉應以如來供養而供養之當知此人是
大菩薩成就阿耨多羅三藐三菩提哀愍
衆生願生此間廣演分別妙法華經何況盡
能受持種種供養者藥王當知是人自捨清
淨業報於我滅度後愍衆生故生於惡世廣
演此經若是善男子善女人我滅度後能竊
爲一人說法華經乃至一句當知是人則如來

來使如來所遣行如來事何況於大衆中
廣爲人說藥王若有惡人以不善心於一劫中
現於佛前常毀罵佛其罪尚輕若人以一惡
言毀訾在家出家讀誦法華經者其罪甚
重藥王其有讀誦法華經者當知是人以佛莊
嚴而自莊嚴則爲如來肩所荷擔其所至方應
隨向礼一心合掌恭敬供養尊重讃歎華香
瓔珞末香塗香燒香繒蓋幢幡衣服餚饌
作諸伎樂人中上供而供養之應持天寶而
以散之天上寶聚應以奉獻所以者何是人
歡喜說法須臾聞之即得究竟阿耨多羅三
藐三菩提故尒時世尊欲重宣此義而說偈言
若欲住佛道　成就自然智　常當勤供養　受持法華者
其有欲疾得　一切種智慧　當受持是經　并供持經者
持妙法華經者　當知佛所使　愍念諸衆生

若欲住佛道　成就自然智　常當勤供養　受持法華者
其有欲疾得　一切種智慧　當受持是經　并供持經者
若有能受持　妙法華經者　當知佛所使　愍念諸衆生
諸有能受持　妙法華經者　捨於清淨土　愍衆故生此
當知如是人　自在所欲生　能於此惡世　廣說无上法
應以天華香　及天寶衣服　天上妙寶聚　供養說法者
吾滅後惡世　能持是經者　當合掌礼敬　如供養世尊
上饌衆甘美　及種種衣服　供養是佛子　冀得須臾聞
若能於後世　受持是經者　我遣在人中　行於如來事
若於一劫中　常懷不善心　作色而罵佛　獲无量重罪
其有讀誦持　是法華經者　須臾加惡言　其罪復過彼
有人求佛道　而於一劫中　合掌在我前　以无數偈讚
由是讚佛故　得无量功德　歎美持經者　其福復過彼
於八十億劫　以最妙色聲　及與香味觸　供養持經者
如是供養已　若得須臾聞　則應自欣慶　我今獲大

藥王今告汝　我所說諸經　而於此經中　法華最第一
尒時佛復告藥王菩薩摩訶薩我所說經典
无量千億已說今說當說而於其中此法華
經最為難信難解藥王此經是諸佛秘要之
藏不可分布妄授與人諸佛世尊之所守護
從昔已來未曾顯說而此經者如來現在猶
多怨嫉況滅度後藥王當知如來滅後其能
書持讀誦供養為他人說者如來則為以衣
覆之又為他方現在諸佛之所護念是人有
大信力及志願力諸善根力當知是人與如來
共宿則為如來手摩其頭藥王在在處處若
說若讀若誦若書若經卷所住處皆應起
七寶塔極令高廣嚴飾不須復安舍利所以
者何此中已有如來全身此塔應以一切華
香瓔珞繒蓋幢幡伎樂歌頌供養恭敬尊重讚

七寶塔極令高廣嚴飾不須復安舍利所以
者何此中已有如來全身此塔應以一切華
香瓔珞繒蓋幢幡伎樂歌頌供養恭敬尊
重讚歎若有人得見此塔禮拜供養當知是等
皆近阿耨多羅三藐三菩提藥王多有人在
家出家行菩薩道若不能得見聞讀誦書
持供養是法華經者當知是人未善行菩薩道
若有得聞是經典者乃能善行菩薩之道其
有衆生求佛道者若見若聞是法華經聞已
信解受持者當知是人得近阿耨多羅三藐
三菩提藥王譬如有人渴乏須水於彼高原
穿鑿求之猶見乾土知水尚遠施功不已轉
見濕土遂漸至泥其心決定知水必近菩薩
亦復如是若未聞未解未能修習是法華經
當知是人去阿耨多羅三藐三菩提尚遠

信聞解受持者當知是人得近阿耨多羅三藐
三菩提所以者何一切菩薩阿耨多羅三藐
三菩提皆屬此經此經開方便門示真實相
是法華經藏深固幽遠无人能到今佛教化
成就菩薩而為開示藥王若有菩薩聞是
法華經驚疑怖畏當知是為新發意菩薩若
聲聞人聞是經驚疑怖畏當知是為增上慢
者藥王若有善男子善女人如來滅後欲為
四衆說是法華經者云何應說是善男子善
女人入如來室著如來衣坐如來座尒乃應為
四衆廣說斯經如來室者一切衆生中大慈
悲心是如來衣者柔和忍辱心是如來座者
一切法空是安住是中然後以不懈怠心為
諸菩薩及四衆廣說是法華經藥王我於餘

諸菩薩及四衆廣說是法華經藥王我於餘
國遣化人爲其集聽法衆亦遣化比丘比丘
尼優婆塞優婆夷聽其說法是諸化人聞法
信受隨順不逆若說法者在空閑處我時廣
遣天龍鬼神乾闥婆阿脩羅等聽其說法我
雖在異國時時令說法者得見我身若於此
經忘失句逗我還爲說令得具足尒時世尊
欲重宣此義而說偈言
欲捨諸懈怠　應當聽此經　是經難得聞　信受者亦難
如人渴須水　穿鑿於高原　猶見乾燥土　知去水尚遠
漸見濕土泥　決定知近水　藥王汝當知　如是諸人等
不聞法華經　去佛智甚遠　若聞是深經　決了聲聞法
是諸經之王　聞已諦思惟　當知此人等　近於佛智慧
若人說此經　應入如來室　著於如來衣　而坐如來座

處衆无所畏　廣為分別說　大慈悲為室　柔和忍辱衣
諸法空為座　處此為說法　若說此經時　有人惡口罵
加刀杖瓦石　念佛故應忍　我千万億土　現淨堅固身
於无量億劫　為衆生說法　若我滅度後　能說此經者
我遣化四衆　比丘比丘尼　及清信士女　供養於法師
引導諸衆生　集之令聽法　若人欲加惡　刀杖及瓦石
則遣變化人　為之作衛護　若說法之人　獨在空閑處
寂漠无人聲　讀誦此經典　我尒時為現　清淨光明身
若忘失章句　為說令通利　若人具是德　或為四衆說
空處讀誦經　皆得見我身　若人在空閑　我遣天龍王
夜叉鬼神等　為作聽法衆　是人樂說法　分別无罣礙
諸佛護念故　能令大衆喜　若親近法師　速得菩薩道
隨順是師學　得見恒沙佛

妙法蓮華經見寶塔品第十一

尒時佛前有七寶塔高五百由旬縱廣二百

妙法蓮華經見寶塔品第十一
尒時佛前有七寶塔高五百由旬縱廣二百
五十由旬從地踊出住在空中種種寶物而
莊校之五千欄楯龕室千萬无數幢幡以爲
嚴飾垂寶瓔珞寶鈴万億而懸其上四面皆
出多摩羅跋栴檀之香充遍世界其諸幡
蓋以金銀瑠璃車𤦲馬碯真珠玫瑰七寶合成
高至四天王宮三十三天雨天曼陁羅華供養
寶塔餘諸天龍夜叉乾闥婆阿脩羅迦樓
羅緊那羅摩睺羅伽人非人等千萬億衆以
一切華香瓔珞幡蓋伎樂供養寶塔恭敬尊
重讚歎尒時寶塔中出大音聲歎言善哉善
哉釋迦牟尼世尊能以平等大慧教菩薩法
佛所護念妙法華經爲大衆說如是如是釋

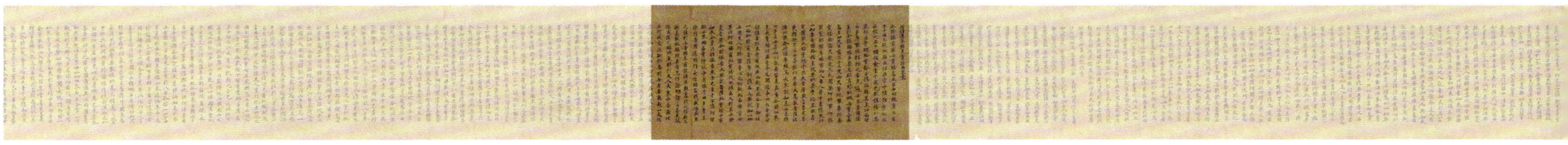

迦牟尼世尊如所說者皆是真實尒時四衆
見大寶塔住在空中又聞塔中所出音聲皆
得法喜怪未曾有從座而起恭敬合掌却住
一面尒時有菩薩摩訶薩名大樂說知一切
世間天人阿脩羅等心之所疑而白佛言世
尊以何因緣有此寶塔從地踊出又於其中發
是音聲尒時佛告大樂說菩薩此寶塔中有
如来全身乃往過去東方无量千万億阿僧
祇世界國名寶淨彼中有佛号曰多寶其
佛行菩薩道時作大誓願若我成佛滅度
之後於十方國土有說法華經處我之塔廟為
聽是經故踊現其前為作證明讚言善哉彼
佛成道已臨滅度時於天人大衆中告諸比
丘我滅度後欲供養我全身者應起一大塔

丘我滅度後欲供養我全身者應起一大塔
其佛以神通願力十方世界在在處處若有
說法華經者彼之寶塔皆踊出其前全身在
於塔中讚言善哉善哉大樂說今多寶如來
塔聞說法華經故從地踊出讚言善哉善
哉是時大樂說菩薩以如來神力故白佛言
世尊我等願欲見此佛身佛告大樂說菩薩
摩訶薩是多寶佛有深重願若我寶塔為聽
法華經故出於諸佛前時其有欲以我身示
四衆者彼佛分身諸佛在於十方世界說法盡
還集一處然後我身乃出現耳大樂說我分
身諸佛在於十方世界說法者今應當集
大樂說白佛言世尊我等亦願欲見世尊分身
諸佛禮拜供養尒時佛放白毫一光即見東

方五百万億那由他恒河沙等國土諸佛
諸國土皆以頗梨為地寶樹寶衣以為莊嚴
无數千万億菩薩充滿其中遍張寶幔寶
網羅上彼國諸佛以大妙音而說諸法及見无
量千万億菩薩遍滿諸國為衆說法南西北
方四維上下白毫相光所照之處亦復如是
尒時十方諸佛各告衆菩薩言善男子我
今應往娑婆世界釋迦牟尼佛所并供養多
寶如來寶塔時娑婆世界即變清淨瑠璃為
地寶樹莊嚴黃金為繩以界八道无諸聚落
村營城邑大海江河山川林藪燒大寶香曼
陁羅華遍布其地以寶網幔羅覆其上懸諸
寶鈴唯留此會衆移諸天人置於他土是時諸
佛各將一大菩薩以為侍者至娑婆世界各
到寶樹下一一寶樹高五百由旬枝葉華菓

到寶樹下一一寶樹高五百由旬枝葉華菓
次第莊嚴諸寶樹下皆有師子之座高五由
旬亦以大寶而校飾之尒時諸佛各於此座
結跏趺坐如是展轉遍滿三千大千世界而
於釋迦牟尼佛一方所分之身猶故未盡時
釋迦牟尼佛欲容受所分身諸佛故八方各
更變二百万億那由他國皆令清淨无有地
獄餓鬼畜生及阿脩羅又移諸天人置於他
土所化之國亦以瑠璃爲地寶樹莊嚴樹高五
百由旬枝葉華菓次第嚴飾樹下皆有寶
師子座高五由旬種種諸寶以爲莊校亦無
大海江河及目真隣陁山摩訶目真隣陁山
鐵圍山大鐵圍山須弥山等諸山王通爲一
佛國土寶地平正寶交露幔遍覆其上懸

諸幡蓋燒大寶香諸天寶華遍布其地釋迦
牟尼佛為諸佛當來坐故復於八方各變二
百萬億那由他國皆令清淨无有地獄餓鬼
畜生及阿修羅又移諸天人置於他土所化之
國亦以瑠璃為地寶樹莊嚴樹高五百由旬枝
葉華菓次第莊嚴樹下皆有寶師子座高
五由旬亦以大寶而校飾之亦无大海江河
及目真隣陁山摩訶目真隣陁山鐵圍山大
鐵圍山須弥山等諸山王通為一佛國土寶地
平正寶交露幔遍覆其上懸諸幡蓋燒大
寶香諸天寶華遍布其地尒時東方釋迦牟
尼所分之身百千萬億那由他恒河沙等國
土中諸佛各各說法來集於此如是次第
十方諸佛皆悉來集坐於八方尒時一一方四

[illegible]
十方諸佛皆悉來集坐於八方尒時一一方四
百万億那由他國土諸佛如來遍滿其中是
時諸佛各在寶樹下坐師子座皆遣侍者
問訊釋迦牟尼佛各賫寶華滿掬而告之言
善男子汝往詣耆闍崛山釋迦牟尼佛所如我
辭曰少病少惱氣力安樂及菩薩聲聞衆悉
安隱不以此寶華散佛供養而作是言彼某
甲佛與欲開此寶塔諸佛遣使亦復如是尒
時釋迦牟尼佛見所分身佛悉已來集各
各坐於師子之座皆聞諸佛與欲同開寶塔
即從座起住虛空中一切四衆起立合掌一心
觀佛於是釋迦牟尼佛以右指開七寶塔
戶出大音聲如却關鑰開大城門即時一
切衆會皆見多寶如來於寶塔中坐師子座

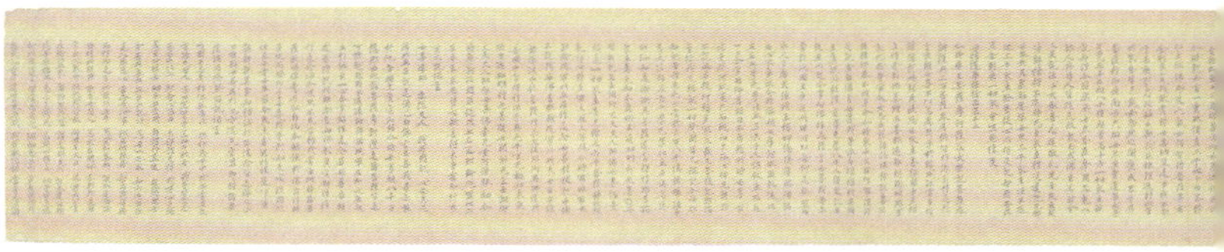

全身不散如入禪定又聞其言善哉善哉
釋迦牟尼佛快說是法華經我為聽是經故而來
至此爾時四衆等見過去无量千万億劫滅度
佛說如是言歎未曾有以天寶華聚散多寶
佛及釋迦牟尼佛上爾時多寶佛於寶塔中
分半座與釋迦牟尼佛而作是言釋迦牟尼
佛可就此座即時釋迦牟尼佛入其塔中坐
其半座結加趺坐爾時大衆見二如來在七
寶塔中師子座上結加趺坐各作是念佛座
高遠唯願如來以神通力令我等輩俱處虛
空即時釋迦牟尼佛以神通力接諸大衆皆
在虛空以大音聲普告四衆誰能於此娑婆
國土廣說妙法華經今正是時如來不久當
入涅槃佛欲以此妙法華經付囑有在爾時

國土廣說[illegible]
入涅槃佛欲以此妙法華經付囑有在尒時
世尊欲重宣此義而說偈言
聖主世尊 雖久滅度 在寶塔中 尚為法來
諸人云何 不勤為法 此佛滅度 无鞅數劫
處處聽法 以難遇故 彼佛本願 我滅度後
在在所往 常為聽法 又我分身 无量諸佛
如恒沙等 來欲聽法 及見滅度 多寶如來
各捨妙土 及弟子眾 天人龍神 諸供養事
令法久住 故來至此 為坐諸佛 以神通力
移无量眾 令國清淨 諸佛各各 詣寶樹下
如清淨池 蓮華莊嚴 其寶樹下 諸師子座
佛坐其上 光明嚴飾 如夜闇中 然大炬火
身出妙香 遍十方國 眾生蒙薰 喜不自勝
譬如大風 吹小樹枝 以是方便 令法久住

告諸大衆 我滅度後 誰能護持 讀誦斯經
今於佛前 自說誓言 其多寶佛 雖久滅度
以大誓願 而師子吼 多寶如來 及與我身
所集化佛 當知此意 諸佛子等 誰能護法
當發大願 令得久住 其有能護 此經法者
則為供養 我及多寶 此多寶佛 處於寶塔
常遊十方 為是經故 亦復供養 諸來化佛
莊嚴光飾 諸世界者 若說此經 則為見我
多寶如來 及諸化佛 諸善男子 各諦思惟
此為難事 宜發大願 諸餘經典 數如恒沙
雖說此等 未足為難 若接須彌 擲置他方
无數佛土 亦未為難 若以足指 動大千界
遠擲他國 亦未為難 若立有頂 為衆演說
无量餘經 亦未為難 若佛滅後 於惡世中

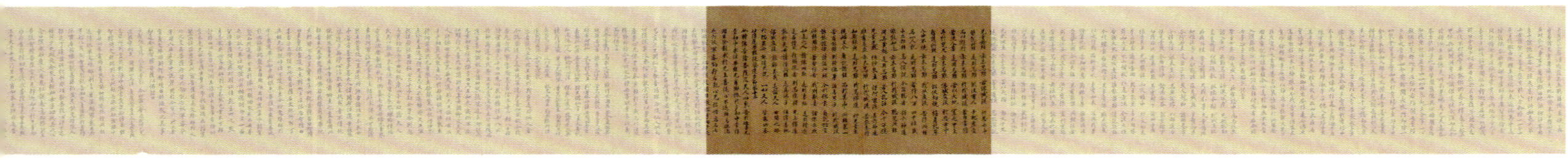

[illegible]
无量餘經　亦未為難　若佛滅後　於惡世中
能說此經　是則為難　假使有人　手把虛空
而以遊行　亦未為難　於我滅後　若自書持
若使人書　是則為難　若以大地　置足甲上
昇於梵天　亦未為難　佛滅度後　於惡世中
暫讀此經　是則為難　假使劫燒　擔負乾草
入中不燒　亦未為難　我滅度後　若持此經
為一人說　是則為難　若持八万　四千法藏
十二部經　為人演說　令諸聽者　得六神通
雖能如是　亦未為難　於我滅後　聽受此經
問其義趣　是則為難　若人說法　令千万億
无量无數　恒沙衆生　得阿羅漢　具六神通
雖有是益　亦未為難　於我滅後　若能奉持
如斯經典　是則為難　我為佛道　於无量土

從始至今 廣說諸經 而於其中 此經第一
若有能持 則持佛身 諸善男子 於我滅後
誰能護持 讀誦此經 今於佛前 自說誓言
此經難持 若暫持者 我則歡喜 諸佛亦然
如是之人 諸佛所歎 是則勇猛 是則精進
是名持戒 行頭陀者 則為疾得 无上佛道
能於來世 讀持此經 是真佛子 住淳善地
佛滅度後 能解其義 是諸天人 世間之眼
於恐畏世 能須臾說 一切天人 皆應供養

妙法蓮華經提婆達多品第十二

尒時佛告諸菩薩及天人四衆吾於過去无
量劫中求法華經无有懈惓於多劫中常作
國王發願求於无上菩提心不退轉為欲滿
足六波羅蜜勤行布施心无悋惜象馬七

國王發願求於无上菩提心不退轉為欲滿
足六波羅蜜勤行布施心无悋惜象馬七
珎國城妻子奴婢僕從頭目髓腦身肉手足
不惜軀命時世人民壽命无量為於法故捐捨
國位委政太子擊鼓宣令四方求法誰能為
我說大乘者吾當終身供給走使時有仙人
來白王言我有大乘名妙法華若不違我當
為宣說王聞仙言歡喜踊躍即隨仙人供給
所須採菓汲水拾薪設食乃至以身而為牀
座身心无惓于時奉事經於千歲為於法故
精勤給侍令无所乏尒時世尊欲重宣此義
而說偈言
我念過去劫　為求大法故　雖作世國王　不貪五欲樂
椎鍾告四方　誰有大法者　若為我解說　身當為奴僕
時有阿私仙　來白於大王　我有微妙法　世間所希有

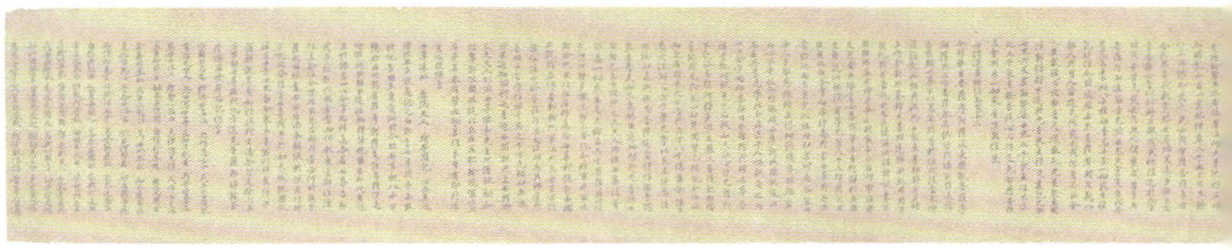

若有修行者　吾當為宣說　時王聞仙言　心生大喜悅
即便隨仙人　供給於所須　採薪及菓蓏　隨時恭敬與
情存妙法故　身心无懈惓　普為諸衆生　勤求於大法
亦不為己身　及以五欲樂　故為大國王　勤求獲此法
遂致得成佛　今故為汝說
佛告諸比丘尒時王者則我身是時仙人者
今提婆達多是由提婆達多善知識故令我
具足六波羅蜜慈悲喜捨三十二相八十種
好紫磨金色十力四无所畏四攝法十八不
共神通道力成等正覺廣度衆生皆因提婆
達多善知識故告諸四衆提婆達多却後過
无量劫當得成佛号曰天王如來應供正遍
知明行足善逝世間解无上士調御丈夫天
人師佛世尊世界名天道時天王佛住世二
十中劫廣為衆生說於妙法恒河沙衆生

人師佛世尊世界名天道時天王佛住世二
十中劫廣爲衆生説於妙法恒河沙衆生
得阿羅漢果无量衆生發緣覺心恒河沙衆
生發无上道心得无生忍至不退轉時天王佛
般涅槃後正法住世二十中劫全身舍利起
七寶塔高六十由旬縱廣四十由旬諸天人
民悉以雜華末香燒香塗香衣服瓔珞幢幡
寶蓋伎樂歌頌礼拜供養七寶妙塔无量衆
生得阿羅漢无量衆生悟辟支佛不可思議
衆生發菩提心至不退轉佛告諸比丘未來世
中若有善男子善女人得聞妙法蓮華經提
婆達多品淨心信敬不生疑惑者不墮地
獄餓鬼畜生生十方佛前所生之處常聞此
經若生人天中受勝妙樂若在佛前蓮華化

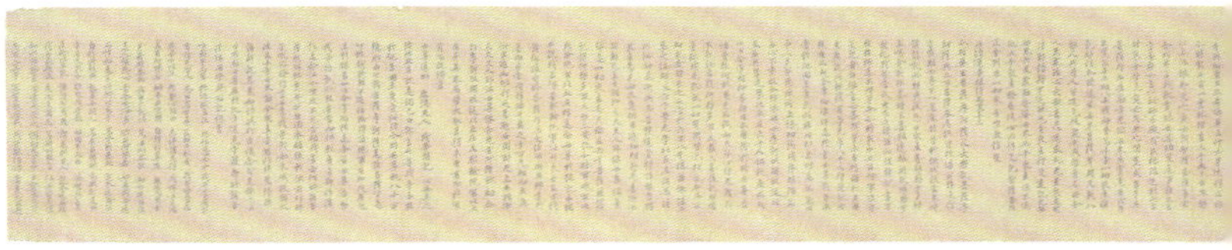

生於時下方多寶世尊所從菩薩名曰智積白多寶佛當還本土釋迦牟尼佛告智積曰善男子且待須臾此有菩薩名文殊師利可與相見論說妙法可還本土尒時文殊師利坐千葉蓮華大如車輪俱來菩薩亦坐寶華從於大海娑竭龍宮自然踊出住虛空中詣靈鷲山從蓮華下至於佛所頭面敬礼二世尊足脩敬已畢往智積所共相慰問却坐一面智積菩薩問文殊師利仁往龍宮所化衆生其數幾何文殊師利言其數无量不可稱計非口所宣非心所測且待須臾自當有證所言未竟无數菩薩坐寶蓮華從海踊出詣靈鷲山住在虛空此諸菩薩皆是文殊師利之所化度具菩薩行皆共論說六波羅蜜本聲聞人在虛空中說聲聞行今皆脩行大乘

BD01138　妙法蓮華經卷四

所化度具菩薩行皆共論說六波羅蜜本
聲聞人在虛空中說聲聞行今皆修行大乘
空義文殊師利謂智積曰於海教化其事
如是尒時智積菩薩以偈讚曰
大智德勇健　化度无量衆　今此諸大會　及我皆已見
演暢實相義　開闡一乘法　廣度諸羣生　令速成菩提
文殊師利言我於海中唯常宣說妙法華經
智積問文殊師利言此經甚深微妙諸經中
寶世所希有頗有衆生勤加精進修行此經
速得佛不文殊師利言有娑竭羅龍王女
年始八歲歲智慧利根善知衆生諸根行業得
陀羅尼諸佛所說甚深秘藏悉能受持深入
禪定了達諸法於剎那頃發菩提心得不退
轉辯才无礙慈念衆生猶如赤子功德具足心

念口演微妙廣大慈悲仁讓志意和雅能至
菩提智積菩薩言我見釋迦如來於无量劫
難行苦行積功累德求菩薩道未曾止息觀
三千大千世界乃至无有如芥子許非是菩
薩捨身命處為眾生故然後乃得成菩提道
不信此女於須臾頃便成正覺言論未訖時
龍王女忽現於前頭面礼敬却住一面以偈讚曰
深達罪福相　遍照於十方　微妙淨法身　具相三十二
以八十種好　用莊嚴法身　天人所戴仰　龍神咸恭敬
一切眾生類　无不宗奉者　又聞成菩提　唯佛當證知
我闡大乘教　度脫苦眾生
時舍利弗語龍女言汝謂不久得无上道是
事難信所以者何女身垢穢非是法器云何
能得无上菩提佛道懸曠經无量劫勤苦積

能得无上菩提佛道懸曠經无量劫勤苦積
行具脩諸度然後乃成又女人身猶有五障
一者不得作梵天王二者帝釋三者魔王四
者轉輪聖王五者佛身云何女身速得成佛
尒時龍女有一寶珠價直三千大千世界持
以上佛佛即受之龍女謂智積菩薩尊者
舍利弗言我獻寶珠世尊納受是事疾不答
言甚疾女言以汝神力觀我成佛復速於此當
時衆會皆見龍女忽然之間變成男子具
菩薩行即往南方无垢世界坐寶蓮華成等
正覺三十二相八十種好普為十方一切衆生演
説妙法尒時娑婆世界菩薩聲聞天龍八
部人與非人皆遥見彼龍女成佛普為時會
人天説法心大歡喜悉遥敬禮无量衆生聞

法解悟得不退轉无量衆生得受道記无垢
世界六反震動娑婆世界三千衆生住不退
地三千衆生發菩提心而得受記智積菩薩
及舍利弗一切衆會嘿然信受

妙法蓮華經持品第十三

尒時藥王菩薩摩訶薩及大樂說菩薩摩
訶薩與二万菩薩眷屬俱皆於佛前作是誓
言唯願世尊不以為慮我等於佛滅後當奉持
讀誦說此經典後惡世衆生善根轉少多增
上慢貪利供養增不善根遠離解脫雖難可
教化我等當起大忍力讀誦此經持說書寫
種種供養不惜身命尒時衆中五百阿羅漢得
受記者白佛言世尊我等亦自誓願於異國
土廣說此經復有學无學八千人得受記者
從座而起合掌向佛作是誓言世尊我等亦

土廣說此經復有學无學八千人得受記者
從座而起合掌向佛作是誓言世尊我等亦
當於他國土廣說此經所以者何是娑婆國
中人多弊惡懷增上慢功德淺薄瞋濁諂
曲心不實故尒時佛姨母摩訶波闍波提比
丘尼與學无學比丘尼六千人俱從座而起
一心合掌瞻仰尊顏目不暫捨於時世尊告
憍曇弥何故憂色而視如來汝心將无謂我
不說汝名授阿耨多羅三藐三菩提記耶憍
曇弥我先惣說一切聲聞皆已授記今汝欲
知記者將來之世當於六万八千億諸佛法中
為大法師及六千學无學比丘尼俱為法
師汝如是漸漸具菩薩道當得作佛号一切
衆生憙見如來應供正遍知明行足善逝世

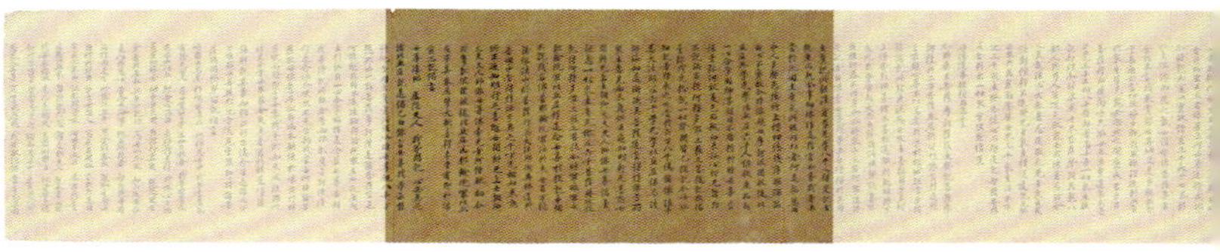

間解无上士調御丈夫天人師佛世尊
弥是一切衆生憙見佛及六千菩薩轉次授
記得阿耨多羅三藐三菩提尒時羅睺羅母
耶輸陀羅比丘尼作是念世尊於授記中獨
不說我名佛告耶輸陀羅汝於來世百万億
諸佛法中脩菩薩行為大法師漸具佛道於
善國中當得作佛号具足千万光相如來應
供正遍知明行足善逝世間解无上士調御
丈夫天人師佛世尊佛壽无量阿僧祇劫尒
時摩訶波闍波提比丘尼及耶輸陀羅比丘
尼并其眷屬皆大歡喜得未曾有即於佛
前而說偈言
世尊導師　安隱天人　我等聞記　心安具足
諸比丘尼說是偈已白佛言世尊我等亦能

BD01138　妙法蓮華經卷四

諸比丘尼說是偈已白佛言世尊我等亦能
於他方國土廣宣此經尒時世尊視八十万
億那由他諸菩薩摩訶薩是諸菩薩皆是
阿惟越致轉不退法輪得諸陁羅尼即從座起
至於佛前一心合掌而作是念若世尊告勑
我等持說此經者當如佛教廣宣斯法復
作是念佛今嘿然不見告勑我當云何時諸菩
薩敬順佛意并欲自滿本願便於佛前作師
子吼而發誓言世尊我等於如來滅後周旋
往反十方世界能令衆生書寫此經受持讀
誦解說其義如法脩行正憶念皆是佛之威
力唯願世尊在於他方遙見守護即時諸菩
薩俱同發聲而說偈言
唯願不為慮　於佛滅度後　恐怖惡世中　我等當廣說

有諸無智人　惡口罵詈等　及加刀杖者　我等皆當忍
惡世中比丘　邪智心諂曲　未得謂爲得　我慢心充滿
或有阿練若　納衣在空閑　自謂行真道　輕賤人間者
貪著利養故　與白衣說法　爲世所恭敬　如六通羅漢
是人懷惡心　常念世俗事　假名阿練若　好出我等過
而作如是言　此諸比丘等　爲貪利養故　說外道論議
自作此經典　誑惑世間人　爲求名聞故　分別於是經
常在大衆中　欲毀我等故　向國王大臣　婆羅門居士
及餘比丘衆　誹謗說我惡　謂是邪見人　說外道論議
我等敬佛故　悉忍是諸惡　爲斯所輕言　汝等皆是佛
如此輕慢言　皆當忍受之　濁劫惡世中　多有諸恐怖
惡鬼入其身　罵詈毀辱我　我等敬信佛　當著忍辱鎧

圖書在版編目（CIP）數據

中國國家圖書館藏敦煌文獻．第七六册 / 中國國家圖書館編．—北京：國家圖書館出版社，2024.12

ISBN 978-7-5013-8027-5

Ⅰ．①中…　Ⅱ．①中…　Ⅲ．①敦煌學—文獻　Ⅳ．①K870.6

中國國家版本館 CIP 數據核字（2024）第 037766 號

書　　名	中國國家圖書館藏敦煌文獻・第七六册
著　　者	中國國家圖書館　編
項目統籌	魏　崇　殷夢霞
責任編輯	黄　鑫　程魯潔　潘　竹　苗文葉
責任校對	劉　倩
出版發行	國家圖書館出版社（北京市西城區文津街 7 號　100034） （原書目文獻出版社　北京圖書館出版社） 010-66114536　63802249　nlcpress@nlc.cn（郵購）
網　　址	http://www. nlcpress. com
排版印裝	天津裕同印刷有限公司
版次印次	2024 年 12 月第 1 版　2024 年 12 月第 1 次印刷
開　　本	787 × 1092　1/8
印　　張	39
書　　號	ISBN 978-7-5013-8027-5
定　　價	2800.00 圓